Russisch als zweite Fremdsprache

# Конечно!

## Grammatisches Beiheft

**4**

von
Ulf Borgwardt

Ernst Klett Verlag
Stuttgart • Leipzig

## Abkürzungen und Symbole

| | | | | | |
|---|---|---|---|---|---|
| W | Wiederholung | m. | maskulin | Nom. | Nominativ |
| NEU | Neues Thema | f. | feminin | Gen. | Genitiv |
| R7 | Regel | n. | neutral | Dat. | Dativ |
| ⚠ | Beachte! | Sg. | Singular | Akk. | Akkusativ |
| | | Pl. | Plural | Instr. | Instrumental |
| | | Pers. | Person | Präp. | Präpositiv |
| | | | | uv. | unvollendeter Aspekt |
| | | | | vo. | vollendeter Aspekt |

# В гостя́х у шко́лы-партнёра

## § 1 Das Pronomen друг дру́га

NEU Du lernst jetzt, wie **друг дру́га** – *einander* gebraucht wird.

| | |
|---|---|
| Мы живём недалеко́ **друг от дру́га**. | Wir wohnen nicht weit voneinander. |
| Вы всегда́ помога́ете **друг дру́гу**. | Ihr helft einander immer. |
| Они́ хорошо́ понима́ют **друг дру́га**. | Sie verstehen einander gut. |
| Мы мно́го обща́емся **друг с дру́гом**. | Wir verbringen viel Zeit miteinander. |
| Брат и сестра́ ча́сто ду́мают **друг о дру́ге**. | Bruder und Schwester denken oft aneinander. |

**R1** Bei **друг дру́га** (ohne Nominativ!) **dekliniert** man nur den **zweiten Teil**, der wie ein maskulines Substantiv verändert wird.
**Präpositionen** stehen immer zwischen beiden Teilen des Pronomens.

## § 2 Das Possessivpronomen свой

W Du kennst bereits den Gebrauch und die Deklination der Possessivpronomen **мой, твой, наш, ваш** (GBH II, § 23 und GBH III, § 4) sowie den Gebrauch von **его́, её, их** (GBH I, § 42).

NEU Im Russischen gibt es im Unterschied zum Deutschen außerdem noch das reflexive Possessivpronomen **свой**. Du lernst jetzt seinen Gebrauch kennen.

 Э́то гита́ра Дави́да. Ники́та игра́ет на **его́** гита́ре.

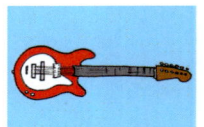 У Ники́ты то́же есть гита́ра. Тепе́рь Ники́та игра́ет на **свое́й** гита́ре.

 Э́то друг А́нны. Ле́на говори́т с **её** дру́гом.

У Ле́ны то́же есть друг. Тепе́рь Ле́на говори́т со **свои́м** дру́гом.

 Э́то фильм неме́цких ученико́в. Ру́сские ученики́ смо́трят **их** фильм.

 Ру́сские ученики́ то́же сня́ли фильм. Тепе́рь ру́сские ученики́ смо́трят **свой** фильм.

**R2** **Свой** wird nur dann verwendet, wenn das **Subjekt** des Satzes auch der **Besitzer** ist, d. h. wenn sich **свой** auf das Subjekt **desselben** Satzes zurückbezieht.
Wird **свой** übersetzt, kann man *mein, dein, sein* usw. durch „*eigene(s, r)*" ergänzen.
**Свой** wird wie **мой** und **твой** dekliniert. **Genus**, **Numerus** und **Kasus** von **свой** richten sich nach dem „**Besitz**".

⚠ Свой wird für alle Personen im Singular und Plural verwendet, wenn das Subjekt der Besitzer ist. Es muss also für jede Person anders übersetzt werden, z. B. Я ча́сто пишу́ свое́й (meiner) подру́ге. Вы ча́сто получа́ете пи́сьма от свои́х (euren) друзе́й из Москвы́?

---

Unterscheide:
Subjekt ≠ Besitzer ➝ мой, твой, его, её,
наш, ваш, их
Subjekt = Besitzer ➝ свой

---

Dekliniert wird свой ebenso wie мой.
Das Pronomen свой steht **nie** im Nominativ:
Я люблю́ **свою́** ко́мнату.
◄➤ **Моя́** ко́мната мне нра́вится.

## §3 Die Negativpronomen никто́, ничто́ und никако́й

**NEU** Du lernst jetzt Bildung und Gebrauch von никто́, ничто́ und никако́й kennen.

---

| | |
|---|---|
| В шко́ле **никого́ нет**. | In der Schule ist niemand. |
| Я там **никого́ не** ви́дел. | Ich habe dort niemand(en) gesehen. |
| Я об э́том **ничего́ не** зна́ю. | Ich weiß davon nichts. |
| Я **ничему́ не** удивля́юсь. | Ich wundere mich über nichts. |
| У меня́ **нет никако́го** пла́на. | Ich habe keinen (keinerlei) Plan. |

**R3** Die Negativpronomen никто́ – *niemand*, ничто́ – *nichts* und никако́й – *kein* sind aus ни + Fragepronomen gebildet. Sie werden wie die entsprechenden Fragepronomen dekliniert. Beachte im Russischen die **doppelte Verneinung**:
Negativpronomen + **не** + Verb bzw.
**нет** (**не́ было/не бу́дет**) + Negativpronomen im Gen.

---

| | **никто́** | **ничто́** | **никако́й** | | | |
|---|---|---|---|---|---|---|
| | | | maskulin | neutral | feminin | Plural |
| Nom. | никто́ | ничто́ | никако́й | никако́е | никака́я | никаки́е |
| Gen. | никого́ | ничего́ | никако́го | никако́го | никако́й | никаки́х |
| Dat. | никому́ | ничему́ | никако́му | никако́му | никако́й | никаки́м |
| Akk. | никого́ | ничто́ | никако́й/никако́го[1] | никако́е | никаку́ю | никаки́е/никаки́х[1] |
| Instr. | нике́м | ниче́м | никаки́м | никаки́м | никако́й | никаки́ми |
| Präp. | ни о ко́м | ни о чём | ни о како́м | ни о како́м | ни о како́й | ни о каки́х |

[1] Nom. vor unbelebten, Gen. vor belebten Substantiven.

⚠ Wird ein Negativpronomen mit einer **Präposition** gebraucht, so wird diese **zwischen ни** und das **Pronomen** gestellt. Alle drei Bestandteile werden **getrennt** geschrieben, z. B.

никто́: ни **у** кого́ – *bei niemandem*, ни **с** ке́м – *mit niemandem*
ничто́: ни **к** чему́ – *zu nichts*, ни **о** чём – *über nichts*
никако́й: ни **о** каки́х пробле́мах – *über keinerlei Probleme*

⚠ Die Form ничто́ ist kaum gebräuchlich. Ihr wird meist **ничего́** vorgezogen,
z. B. Его́ ничто́/ничего́ не интересу́ет. – *Ihn interessiert nichts.*

⚠ Die unveränderlichen Negativadverbien никогда́ – *nie(mals)*,
нигде́ – *nirgends* und никуда́ – *nirgendwohin* treten ebenso
wie die Negativpronomen immer in Verbindung
mit не(т) auf, z. B. Я его́ нигде́ не ви́дел.

| кто? | → | **никто́** | |
|------|---|-----------|---|
| что? | → | **ничего́** (!) | }  + **не** + Verb |
| какой? | → | **никако́й** | |

Nach (y + Gen.) **нет/не́ было/
не бу́дет** steht der **Genitiv**:

У нас нет **никаки́х** пробле́м.
Здесь **никого́** не́ было.
Там **ничего́** не бу́дет.

### § 4  Das Reflexivpronomen себя́

**W** Du kennst die reflexiven Verben auf -ся, aber auch das Verb чу́вствовать себя́ – *sich fühlen.*

**NEU** Du lernst jetzt die Formen und den Gebrauch des Reflexivpronomens **себя́** näher kennen.

| | |
|---|---|
| Всё бы́ло так, как **я себе́** представля́ла. | Alles war so, wie **ich** es **mir** vorgestellt habe. |
| **Она́** чу́вствует **себя́** хорошо́. | **Sie** fühlt **sich** gut. |
| **Вы** всегда́ берёте моби́льник с **собо́й**? | Nehmt **ihr** immer ein Handy mit? |
| Расскажи́ немно́го о **себе́**. | Erzäh**le** etwas von **dir**. |
| Расскажи́те немно́го о **себе́**. | Erzähl**t** etwas von **euch**./Erzählen **Sie** etwas von **sich**. |

**R 4**  **Себя́** bezieht sich immer auf das **Subjekt desselben Satzes** zurück.
Es hat deshalb auch **keinen Nominativ**.
Себя́ wird wie **ты** dekliniert (тебя́ → себя́, тебе́ → себе́ usw.).
Die Formen von себя́ werden für **alle Personen** des Singulars und Plurals verwendet.
Ins Deutsche wird es je nach Person mit *mir/mich, dir/dich, sich, uns, euch, sich* übersetzt.

| | себя́ |
|------|-------|
| Nom. | – |
| Gen. | себя́ |
| Dat. | себе́ |
| Akk. | себя́ |
| Instr. | собо́й |
| Präp. | (о) себе́ |

к себе́ – *ziehen*

от себя́ – *drücken*

# Всё понятно?

**1** Formuliere die Äußerungen einfacher. Используй «друг друга» в нужной форме.
**а)** Каждый год ученики из Дуйсбурга ездят к ученикам гимназии в Новосибирск, а ученики из Новосибирска ездят в Дуйсбург. **б)** Ойген всегда живёт у Тани в Новосибирске, а Таня живёт у Ойгена в Дуйсбурге. **в)** Он дружит с ней, а она дружит с ним. **г)** Ойген успешно изучает русский язык, чтобы ещё лучше понимать подругу, а она изучает немецкий язык, чтобы ещё лучше понимать друга. **д)** Ойген часто рассказывает одноклассникам о Тане, а она тоже рассказывает своим одноклассникам о нём. **е)** Ойген часто пишет Тане, а она пишет ему.

**2** Переведи. Erkläre die Verwendung der Possessivpronomen.
**а)** Ванесса была со своим классом в Москве. – Её класс был там первый раз по обмену.
**б)** Ребята жили у своих русских друзей. – Их семьи очень заботились о них.
**в)** Гости знакомились с городом и его достопримечательностями.
    – Ученики из Москвы показали им свою школу и свои кружки.

**3** «Его, её, их» или «свой»? Дополни диалоги.
**а)** – Где Ванесса?
    – Она в (1) комнате.
    – Где (2) комната?
    – Там напротив.
**б)** – Кому звонит Ванесса?
    – (1) родителям в Германию.
    – Ты знаешь (2) родителей?
    – Да, (3) родители уже были у нас.
**в)** – С кем была Ванесса на Арбате?
    – С Петей и (1) подругой. Художник нарисовал (2) портреты.
      Вот они. Ванесса хочет подарить (3) портрет (4) другу.

**4** Verbinde die Präpositionen mit den Negativpronomen. Переведи словосочетания.
**а)** никто: для, к, с, о, от, у, против
**б)** ничто: для, к, о, за, из

**5** Ответь на вопросы. Используй «никто», «ничто» и «никакой» в нужной форме.
  ➥ Ваша учительница **всем** рассказывала об обмене с Россией?
    ➞ Нет, она **никому** не рассказывала об этом.
**а)** Вы узнали об этом **от учеников 9-го Б**?
**б)** Вы уже знаете **последние новости** о нашей поездке в Россию?
**в)** Вы говорили **со своей учительницей** о программе в Москве?
**г)** Ученики вашего класса уже участвовали в **последнем** обмене?
**д)** Леон уже был в гостях **у учеников** школы-партнёра в Москве?
**е)** **Что** он рассказал о Москве?

**6** Переведи, что учитель говорит на уроке.
**а)** Расскажите о себе.
**б)** Напишите о себе.
**в)** Представьте себе, что вы получили приз.
**г)** Принесите с собой фотографии своей семьи.

**7** Вставь «себя» в нужной форме.
**а)** Можно мне пригласить к ■ одноклассников?
**б)** Как ты ■ чувствуешь?
**в)** Где Алекс купил ■ новый МР3-плеер?
**г)** Дождь идёт. Возьмите с ■ зонт.

▶ Die Lösungen findest du auf Seite 43.

# СМИ в на́шей жи́зни

### §5 Satzgefüge mit что́бы – *damit, dass*

**W** Du kennst schon den Gebrauch von что́бы in der Bedeutung „um zu" (GBH III, §29).

**NEU** Du lernst jetzt что́бы in weiteren Bedeutungen kennen und verwenden.

| | |
|---|---|
| Кристи́на, позвони́ мне, **что́бы** мы **зна́ли**, где мы встре́тимся. | Christina, ruf mich an, **damit** wir **wissen**, wo wir uns treffen werden. |
| Ната́ша, говори́ не так бы́стро, **что́бы** я **могла́** тебя́ лу́чше поня́ть. | Natascha, sprich nicht so schnell, **damit** ich dich besser verstehen **kann**. |

**R1** Nebensätze, die ein Ziel oder einen Zweck angeben, werden mit **что́бы** – *damit* eingeleitet. Bei **unterschiedlichen Subjekten** in Haupt- und Nebensatz steht das Verb im **Präteritum**.

Он про́сит, что́бы я купи́ла детекти́в Аку́нина.

Ба́ба-Яга́ сказа́ла, что она́ за́втра ку́пит кни́гу в магази́не.

КНИГА

| | |
|---|---|
| Ма́ма сказа́ла, **что** Анто́н пришёл. Mama sagte, dass Anton gekommen ist. | Па́па сказа́л, **что́бы** Анто́н пришёл. Papa sagte, dass Anton kommen soll. |
| Роди́тели рассказа́ли, **что** Та́ня у́чится в Москве́. Die Eltern erzählten, dass Tanja in Moskau studiert. | Роди́тели хотя́т, **что́бы** Та́ня учи́лась в Москве́. Die Eltern möchten, dass Tanja in Moskau studiert. |
| И́ра ду́мает, **что** мы ей помо́жем. Ira denkt, dass wir ihr helfen werden. | И́ра про́сит, **что́бы** мы ей помогли́. Ira bittet, dass wir ihr helfen (sollen). |
| Учи́тель сказа́л, **что** в прое́кте уча́ствуют все. Der Lehrer sagte, dass am Projekt alle teilnehmen. | На́до, **что́бы** в прое́кте уча́ствовали все. Es ist nötig, dass alle am Projekt teilnehmen. |

**R2** Nebensätze mit *dass* werden im Russischen durch что́бы oder что wiedergegeben. Der Nebensatz mit **что́бы** enthält einen **Wunsch**, eine **Bitte** oder eine **Aufforderung**. Der Nebensatz mit **что** drückt eine **Tatsache** aus.

Nach **хоте́ть, жела́ть, проси́ть, на́до, нельзя́** steht immer **что́бы** + Präteritum.

## §6 Bildung und Gebrauch der Kurzformen der Adjektive

Сего́дня вечери́нка у Ко́сти. Что мне де́лать? Э́ти джи́нсы мне коротки́, а э́ти мне велики́.

**W** Du kennst bereits die deklinierbaren Langformen der Adjektive (GBH II, §§ 2, 13, 24) und auch schon die Kurzform auf -o, z. B. in прия́тно oder хорошо́.

**NEU** Du lernst die Kurzformen der Adjektive von ihren Langformen abzuleiten und zu gebrauchen.

### 1. Bildung

|  | Singular | | | Plural |
|---|---|---|---|---|
|  | maskulin | neutral | feminin |  |
| Langform | краси́в**ый** | краси́в**ое** | краси́в**ая** | краси́в**ые** |
| Kurzform | краси́в | краси́в**о** | краси́в**а** | краси́в**ы** |

**R3** Die **Kurzformen** sind nur nach **Genus** und **Numerus** veränderlich.
Sie sind also **nicht deklinierbar**. Du kannst sie von den Langformen ableiten.
Die maskuline Kurzform erhältst du durch Streichen der Endung. Bei den anderen
Kurzformen fügst du an den Stamm die Endung **-o**, **-a** bzw. **-ы** an.

⚠ Bei Konsonantenhäufung erfolgt bei maskulinen Kurzformen oft ein Vokaleinschub:

| -o- vor -к | коро́**тк**ий ➝ ко́рот**ок** |
|---|---|
| -e- (-ё-) vor -н | бо**льн**о́й ➝ бо́л**ен**, у́м**н**ый ➝ ум**ён** |
| aber: | до́брый ➝ добр<br>бы́стрый ➝ быстр |

Achtung bei **maskulinen** Kurzformen:
Bei Konsonantenhäufung im Stamm
muss **-o**, **-e** (**-ё-**) heran!

⚠ Nach г, к, х und Zischlauten das -ы steht nie, hier schreibe immer nur das -и: хоро́ши́, похо́**жи**.

## 2. Gebrauch

Im Gegensatz zu den Langformen der Adjektive, die attributiv und prädikativ verwendet werden können, wird die Kurzform nur prädikativ gebraucht.

| | |
|---|---|
| Та́ня краси́**вая** де́вушка. Она́ краси́**вая**. | Та́н**я** краси́**ва**. |
| Это ва́жн**ый** вопро́с. Этот вопро́с ва́жн**ый**. | Этот вопро́с ва́ж**ен**. |
| | Этот вопро́с был ва́ж**ен**. |
| | Этот вопро́с бу́дет ва́ж**ен**. |

**R4** Die **Kurzformen** werden nur **prädikativ** gebraucht. Sie stimmen mit dem Subjekt in **Genus** und **Numerus** überein. Im Präteritum und Futur werden sie mit den Formen von быть gebraucht. Lang- und Kurzformen werden oft **ohne Bedeutungsunterschied** verwendet.

| | |
|---|---|
| 1. Го́род на Неве́ краси́вый. Во вре́мя Бе́лых ноче́й он осо́бенно краси́в. | Die Stadt an der Newa ist schön. Während der Weißen Nächte ist sie besonders schön. |
| 2. Это пла́тье Йре ко́ротко. | Dieses Kleid ist Ira zu kurz. |
| 3. Это ва́жно? Всё пра́вильно. | Ist das wichtig? Alles ist richtig. |
| 4. Он гото́в к э́тому. Она похо́жа на меня́. | Er ist dazu bereit. Sie ist mir ähnlich. |

**R5** In bestimmten Bedeutungen und Verbindungen darfst du **nur** die **Kurzform** gebrauchen:
1. um hervorzuheben, dass das genannte Merkmal **zeitlich begrenzt** ist.
2. um das **Übermaß einer Eigenschaft** auszudrücken – deutsch = *zu (sehr)* …
3. wenn **э́то** oder **всё/все Subjekt** des Satzes sind.
4. wenn von dem Adjektiv als Prädikat ein **weiteres Satzglied** abhängt.

⚠ Folgende Adjektive treten als Prädikat nur in der Kurzform auf:

гото́в, гото́ва, гото́во, гото́вы – *fertig, bereit*
похо́ж, похо́жа, похо́же, похо́жи – *ähnlich (sein)*
прав, права́, пра́во, пра́вы – *recht (haben)*
согла́сен, согла́сна, согла́сно, согла́сны – *einverstanden (sein)*

⚠ Folgende Kurzformen drücken das Übermaß einer Eigenschaft aus:

ма́ленький → мал, мала́, мало́, малы́ – *zu klein*
большо́й → вели́к, велика́, велико́, велики́ – *zu groß*
коро́ткий → ко́роток, коротка́, ко́ротко, коротки́ – *zu kurz*
дли́нный → дли́нен, длинна́, длинно́, длинны́ – *zu lang*

## Всё понятно?

**1** Чтобы + Präteritum или чтобы + Infinitiv? Ответь на вопросы.

**а)** Зачем в семье Наташи есть три телевизора?
(папа, бабушка, внук: мочь смотреть разные телепрограммы)

**б)** Зачем бабушка утром включила телевизор? (посмотреть передачу «Доброе утро»)

**в)** Зачем Сергей ищет Антона? (они: вместе посмотреть футбол)

**г)** Зачем ты сегодня звонил(а) другу/подруге? (мы: встретиться и сделать уроки)

**д)** Зачем ты так громко говоришь? (все: понять меня)

**е)** Зачем ты занимаешься русским языком? (познакомиться с русскими ребятами)

**2** Schließe die Sätze in Klammern mit что oder чтобы an. Manche musst du dazu verändern.

➡ Кристина знает, … [Сегодня идёт интересный фильм в кино.]

→ Кристина знает, что сегодня идёт интересный фильм в кино.

**а)** Кристина хочет, … [Наташа, посмотри со мной этот фильм.]

**б)** Кристина попросила Наташу, … [Купи, пожалуйста, два билета в кино.]

**в)** Кристина надеется, … [Фильм тебе понравится, Наташа.]

**г)** Кристина рада, … [Одноклассники Кристины тоже хотят посмотреть этот фильм.]

**д)** Очень приятно, … [Лучшая подруга Кристины пришла.]

**е)** Учительница желает, … [Расскажите мне о фильме, ребята.]

**3** Bilde die maskuline Kurzform. Achte auf möglichen -o-/-e-Einschub.

➡ ти́хий – тих; гро́мкий – гро́мок; вку́сный – вку́сен

**а)** бы́стрый

**б)** у́мный

**в)** больно́й

**г)** высо́кий

**д)** глубо́кий

**е)** замеча́тельный

**ж)** изве́стный

**з)** интере́сный

**и)** коро́ткий

**к)** дли́нный

**л)** весёлый

**м)** непоня́тный

**н)** ни́зкий

**о)** популя́рный

**п)** ужа́сный

**4** Сравни и переведи. Erkläre den Unterschied zwischen Kurz- und Langform.

**а)** Петергоф очень красивый. – Летом Петергоф особенно красив.

**б)** Мальчик весёлый. – Мальчик ве́сел.

**в)** Его сестра всегда честная. – Но вчера она не была честна со мной.

**г)** Он всегда был одинокий. – Но с тех пор как живёт один, он особенно одинок.

**5** Rate von bestimmten Einkäufen ab und begründe dies.

➡ Эта юбка очень короткая. – Не покупай эту юбку/её. Она тебе коротка́.

**а)** Это платье очень большое.

**б)** Эти туфли очень маленькие.

**в)** Это пальто тебе идёт, но оно очень короткое.

**г)** Этот свитер красивый, но очень длинный.

**6** Kurzform und/oder Langform? Дополни разговор и обоснуй выбор.

– Эта кинокомедия очень интересн(1). Вы согласн(2) сегодня пойти в кино?

– Конечно, это классн(3). Какая хорош(4) идея!

– Ты прав(5), Нина, это просто замечательн(6) фильм. Мне кажется, что главная героиня похож(7) на тебя, Нина.

– Действительно?

– Да, Нина, Коля прав(8).

▶ Die Lösungen findest du auf Seite 43/44.

# Пла́ны на бу́дущее

## § 7 Der Instrumental nach быть, стать, работать

**W** Du weißt, dass du im Russischen nach einigen Verben einen anderen Kasus verwenden musst als im Deutschen.

**NEU** Du lernst die Verben стать, рабо́тать und быть mit Substantiven und Adjektiven zu verbinden.

> Я хочу́ рабо́тать моде́лью, стать бога́той и, коне́чно, быть изве́стной.

| | |
|---|---|
| На́стя ста́нет исто́риком. | Nastja wird Historikerin. |
| Её оте́ц то́же был исто́риком. | Ihr Vater war auch Historiker. |
| А её ма́ма рабо́тала ги́дом. | Und ihre Mutter hat als Touristenführerin gearbeitet. |
| Для э́того на́до быть откры́тым челове́ком. | Dafür muss man ein offener Mensch sein. |
| На́сте хо́чется рабо́тать голово́й. | Nastja möchte mit dem Kopf arbeiten. |
| Она́ не хо́чет быть безрабо́тной. | Sie will nicht arbeitslos sein. |

**R 1** Verwende den **Instrumental** von Substantiven und Adjektiven
 – immer nach den Formen von **стать** – *etw. werden,*
 – nach **быть** – *etw. sein* im Präteritum, Futur und Infinitiv als Teil des Prädikats,
 – nach **рабо́тать** zur Angabe eines **Berufs** oder **Tätigkeitsbereichs** *(arbeiten **als**)* und zur Angabe eines dabei benutzten **Mittels** *(arbeiten **mit**).*

## § 8 Die Konjunktionen а, и, но

> Я хочу́ стать журнали́стом, а ты?

**W** Du weißt, dass Konjunktionen Wörter, Wortgruppen oder Teilsätze verbinden.

**NEU** Du lernst, wann und wie die Konjunktionen а, и und но verwendet werden.

Я хочу́ стать юри́стом, **а** моя́ подру́га хо́чет стать учи́тельницей.

Ich will Jurist werden, **und** meine Freundin will Lehrerin werden (… meine Freundin **aber** Lehrerin).

Я хочу́ стать врачо́м, **а** не ги́дом.

Ich will Arzt werden **und nicht** Touristenführer.

Я хочу́ стать архите́ктором **и** стро́ить дома́.

Ich will Architekt werden **und** Häuser bauen.

Все хотя́т, чтобы он стал ме́неджером, **но** он хо́чет стать пило́том.

Alle wollen, dass er Manager wird, **aber** er will Pilot werden.

Я хочу́ стать **не то́лько** хоро́шим учи́телем, **но и** хоро́шим психо́логом.

Ich will **nicht nur** ein guter Lehrer werden, **sondern auch** ein guter Psychologe.

**R2** Die Konjunktionen и, а und но verbinden gleichrangige Wörter, Wortgruppen oder Teilsätze:

– aufzählend: и – *und* (auch)
– vergleichend: а – *und, aber*
　　　　　　　…, а не – *und nicht*
– gegensätzlich: но – *aber, jedoch*
　　　　　　　не то́лько …, но и – *nicht nur …, sondern auch*

Unterscheide:
и → verbindend, aufzählend
а → vergleichend
но → einen Gegensatz hervorhebend

## §9 Der einfache Komparativ der Adjektive und Adverbien

**W** Du kennst schon Bildung und Gebrauch des zusammengesetzten Komparativs mit бо́лее/ме́нее (GBH III, §9). Du weißt, dass man beim Vergleich *als* durch чем + Vergleichswort im Nominativ ausdrücken kann (GBH III, §10).

**NEU** Du lernst jetzt, wie man den einfachen Komparativ der Adjektive und Adverbien bildet, wann man ihn gebraucht und wie man beim Vergleich *als* noch ausdrücken kann.

Кто умне́е, краси́вее и важне́е, я и́ли сестра́?

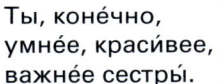
Ты, коне́чно, умне́е, краси́вее, важне́е сестры́.

Како́й предме́т трудне́е, ру́сский и́ли англи́йский язы́к?

Welches Fach ist schwieriger, Russisch oder Englisch?

Что интере́снее, информа́тика и́ли исто́рия?

Was ist interessanter, Informatik oder Geschichte?

Кто изве́стнее, Гага́рин и́ли Терешко́ва?

Wer ist bekannter, Gagarin oder Tereschkowa?

Кто пи́шет интере́снее, Ши́ллер и́ли Гёте?

Wer schreibt interessanter, Schiller oder Goethe?

**R3** Du bildest den einfachen Komparativ, indem du die Endung des Adjektivs bzw. Adverbs abtrennst und durch -ее ersetzt: интере́сный, интере́сно → интере́снее. Du gebrauchst diesen Komparativ vorwiegend **prädikativ**.

⚠ Die Komparativformen zweisilbiger Adjektive und Adverbien auf -ee sind in der Regel endbetont, z. B. быстре́е, важне́е.

⚠ Der Komparativ kann durch Adverbien verstärkt, z. B. ещё быстре́е – *noch schneller*, намно́го умне́е – *viel (um vieles) klüger*, oder abgeschwächt werden, z. B. немно́го ме́дленнее – *etwas langsamer*.

⚠ Einige wichtige Adjektive und Adverbien bilden den Komparativ **unregelmäßig**. Bei vielen tritt ein Konsonantenwechsel auf.

| Adjektiv | Adverb | Konsonantenwechsel | Komparativ | Übersetzung |
|---|---|---|---|---|
| дорого́й | до́рого | г → ж | доро́же | teurer |
| молодо́й | мо́лодо | д → ж | моло́же, мла́дше | jünger |
| ни́зкий | ни́зко | з → ж | ни́же | niedriger |
| гро́мкий | гро́мко | к → ч | гро́мче | lauter |
| бога́тый коро́ткий | бога́то ко́ротко | т → ч | бога́че коро́че | reicher kürzer |
| высо́кий | высоко́ | с → ш | вы́ше | höher |
| ти́хий | ти́хо | х → ш | ти́ше | stiller, leiser |
| просто́й ча́стый чи́стый | про́сто ча́сто чи́сто | ст → щ | про́ще ча́ще чи́ще | einfacher öfter, häufiger sauberer |

⚠ Einige weitere **unregelmäßig** gebildete Adjektive und Adverbien lauten:

| Adjektiv | Adverb | Komparativ | Übersetzung |
|---|---|---|---|
| большо́й | – | бо́льше | größer |
| глубо́кий | глубоко́ | глу́бже | tiefer |
| далёкий | далеко́ | да́льше | weiter |
| дешёвый | дёшево | деше́вле | billiger |
| ма́ленький | – | ме́ньше | kleiner |
| ра́нний | ра́но | ра́ньше | früher |
| ста́рый | – | ста́рше | älter |
| широ́кий | широко́ | ши́ре | weiter, breiter |

> Präge Dir die Steigerungsformen folgender Adverbien gut ein:
> мно́го → бо́льше – *mehr*
> ма́ло → ме́ньше – *weniger*

Напиши́ как мо́жно быстре́е.     Schreibe so schnell wie möglich!

Расскажи́ как мо́жно бо́льше об э́том.     Erzähle möglichst viel darüber!

**R 4** Die Formulierung „so ... wie möglich" bzw. „möglichst ..." übersetzt du am besten mit **как мо́жно + einfacher Komparativ**.

| | |
|---|---|
| Ди́ма **бо́лее у́мный, чем** Пе́тя. | Dima ist klüger als Petja. |
| Пе́тя **вы́ше, чем** Ди́ма. | Petja ist größer als Dima. |
| Пе́тя **вы́ше** Ди́мы. | |
| Ди́ма **на** 2 го́да **моло́же, чем** Пе́тя. | Dima ist (um) 2 Jahre jünger als Petja. |
| Пе́тя **на** 2 го́да **ста́рше** Ди́мы. | Petja ist 2 Jahre älter als Dima. |

**R5** Den **Vergleich** mit *als* kannst du folgendermaßen ausdrücken:
– nach **zusammengesetztem** Komparativ: **чем** + Vergleichswort im **Nominativ**
– nach **einfachem** Komparativ: **чем** + Vergleichswort im **Nominativ** oder **Genitiv des Vergleichswortes**.

⚠ Der durch eine Zahl ausgedrückte **Vergleich** von **Lebensalter**, **Körpergröße**, **Preis** wird durch **на** + *Akk.* wiedergegeben, z. B. Он **на** пять сантиме́тров вы́ше меня́.

## § 10 Der nicht deklinierte Superlativ der Adjektive und Adverbien

**W** Du kennst schon Bildung und Gebrauch des Superlativs mit самый (GBH III, § 9).

**NEU** Du lernst jetzt, wie man den nicht deklinierten Superlativ der Adjektive und Adverbien bildet und gebraucht.

| | |
|---|---|
| Ла́ура **краси́вее всех** в гру́ппе. | Laura ist die Schönste (schöner als alle) in der Band. |
| Ке́вин **лу́чше всех** игра́ет на гита́ре. | Kevin spielt am besten Gitarre (besser als alle). |
| **Бо́льше всего́** Ми́тя лю́бит игра́ть в футбо́л. | Am liebsten spielt Mitja Fußball (mehr als alles). |
| В шко́ле **важне́е всего́** хорошо́ учи́ться. | In der Schule ist gut zu lernen am wichtigsten (wichtiger als alles). |
| Ты прав, э́то **лу́чше** всего́. | Du hast recht, das ist am besten (besser als alles). |

**R6** Du bildest den nicht deklinierten Superlativ der Adjektive und Adverbien, indem du die einfache **Komparativform** mit **всех** bzw. **всего́** verbindest. Der Superlativ mit **всех/всего** wird **nur prädikativ** gebraucht.

⚠ Adverbien bilden den Superlativ **immer** mit einfachem Komparativ + всех/всего́.

⚠ Superlativformen mit всех und всего́ werden meist mit *am …* übersetzt. Unterscheide ihren Gebrauch:

| всех | всего́ |
|---|---|
| = bei **zählbaren** Personen und Dingen | = bei **nichtzählbaren** Erscheinungen und Eigenschaften |
| Ли́за симпати́чнее всех в кла́ссе. (= симпати́чнее, чем все други́е) | Лу́чше всего́ мне понра́вилась му́зыка. (= лу́чше, чем всё) |

## Всё понятно?

**1** Раньше – теперь – планы на будущее. Расскажи об этих людях.

🢒 Коля: студент – промоутер – учитель ➙ Раньше Коля был студентом.
Теперь он работает промоутером. Он хочет стать учителем.

**а)** Таня: ученица – курьер – гид      **в)** подруга: студентка – продавщица – актриса

**б)** друг: ученик – таксист – журналист      **г)** Витя: ученик – гитарист – юрист

**2 а)** «А», «и» или «но»? Verbinde die zwei Sätze jeweils mit der passenden Konjunktion.

1. Светлана учится в десятом классе. Она увлекается языками.
2. Ученица говорит не только по-английски. Она также говорит по-немецки.
3. Светлана хочет стать хорошей учительницей.
   Она также хочет стать хорошим психологом.
4. Светлана хочет работать в гимназии. Она не хочет работать в лицее.

**б)** Переведи текст о Светлане.

**3** Напиши антонимы.

**а)** глупее      **в)** холоднее      **д)** длиннее      **ж)** сложнее      **и)** дороже

**б)** интереснее      **г)** светлее      **е)** старше      **з)** ниже      **к)** тише

**4** Переведи предложения.

**а)** 1. Приходи как можно раньше. 2. Сделай всё как можно лучше. 3. Пиши как можно чище.

**б)** 1. Katja ist 5 cm größer als Boris. 2. Boris ist 3 Jahre älter als Igor.
3. Igor ist etwas kleiner als Katja.

**5** Reagiere, indem du Komparative verwendest.

🢒 Ира говорит очень тихо. ➙ Говори, пожалуйста, (немного) громче.

**а)** Настя говорит по телефону очень быстро. Тебе трудно понять её.

**б)** Тебе не нравится, что Коля часто приходит очень поздно.

**в)** Вы спешите домой, но Сашенька идёт очень медленно.

**6** Скажи это по-другому.

🢒 Ира более спортивная, чем Марина. ➙ Ира спортивнее Марины.

**а)** Яна более музыкальная, чем Нина.      **в)** Толя более весёлый, чем Женя.

**б)** Лара более высокая, чем Маша.      **г)** Гриша более самостоятельный, чем Максим.

**7** Повтори это другими словами.

🢒 Эта книга самая интересная. ➙ Ты прав(а), эта книга интереснее всех.

**а)** Это платье самое красивое.      **в)** Это самое умное, что      **г)** Эти джинсы самые новые.

**б)** Эта юбка самая дорогая.          ты можешь делать.      **д)** Это самое важное в жизни.

**8** Задай вопросы о твоих одноклассниках. Verwende кто, какой, что und den Superlativ.

🢒 старый: Кто в классе старше всех?

1. молодой   2. высокий   3. спортивный   4. весёлый   5. свободно говорить по-русски
6. красиво петь   7. предмет: интересный   8. предмет: трудный   9. важное в школе

▶ Die Lösungen findest du auf Seite 44.

# Из прóшлого в бýдущее

## § 11  Bildung und Gebrauch des Konjunktivs

Извинúте, пожáлуйста, вы не моглú бы мне помóчь?
Я не знáю, где нахóдится библиотéка.

**NEU**  Du lernst jetzt, wie der Konjunktiv im Russischen gebildet und gebraucht wird.

| | |
|---|---|
| Мне **хотéлось бы** встрéтиться с тобóй. | Ich würde mich gern mit dir treffen. |
| Когдá ты **мог бы** приéхать ко мне? | Wann könntest du zu mir kommen? |
| Хóлодно. **Поéхал бы ты** лýчше на автóбусе. | Es ist kalt. Du solltest besser mit dem Bus fahren. |
| Я **попросúла бы** тебя помóчь мне. | Ich möchte dich bitten mir zu helfen. |
| Я **пришёл бы** к тебé, но я бóлен. | Ich wäre zu dir gekommen, aber ich bin krank. |

**R1**  Der **Konjunktiv** wird gebildet, indem die **Präteritumform** des Verbs mit der Partikel **бы** verbunden wird. So kannst du eine **mögliche** oder **nicht mehr mögliche Handlung**, eine höfliche **Bitte** oder **Aufforderung** ausdrücken.

| | |
|---|---|
| Я э́того не **сдéлал бы**. | Ich würde das nicht tun. Ich hätte das nicht getan. |
| Сейчáс онá **читáет** кнúгу, но онá **смотрéла бы** и фильм. | Jetzt liest sie ein Buch, aber sie würde auch einen Film anschauen. |
| Вéчером онá **читáла** кнúгу, но онá **смотрéла бы** и фильм. | Abends las sie ein Buch, aber sie hätte auch einen Film angeschaut. |

**R2**  Russische Konjunktivformen können im Deutschen in verschiedenen Zeitformen wiedergeben werden. Die richtige Übersetzung ergibt sich oft erst aus dem Sinnzusammenhang.

⚠ Im Allgemeinen steht бы hinter dem Verb. Es kann aber auch hinter ein anderes Wort treten, wenn dieses besonders hervorgehoben werden soll. Dann steht es in der Regel an zweiter Stelle im Satz: **Зáвтра бы** я приéхал(а). – *Morgen* würde ich kommen.

## § 12 Konditionalsätze (2)

**W** Du kennst schon Konditionalsätze mit *éсли* – *wenn*, *falls* und weißt, dass sie eine **erfüllte** oder **erfüllbare** (= reale) Bedingung ausdrücken (GBH III, § 28).

**NEU** Du lernst nun Bildungsweise und Gebrauch der Konditionalsätze mit *éсли бы* kennen.

| | |
|---|---|
| **Éсли бы** я не болéл, (то) я вчерá **приéхал бы** к тебé. | Wenn ich nicht krank gewesen wäre, (dann) wäre ich gestern zu dir gekommen. |
| **Éсли бы** у меня́ бы́ло врéмя, (то) я **бы** тебé **помогла́**. | Wenn ich Zeit gehabt hätte, (dann) hätte ich dir geholfen. |
| | Wenn ich Zeit hätte, (dann) würde ich dir helfen. |

**R3** Konditionalsätze, die eine **nicht erfüllte** oder **unerfüllbare** (= irreale) Bedingung ausdrücken, werden duch *éсли бы* – *wenn*, *falls* eingeleitet. Das **Verb** steht dann im **Präteritum**. Wie im Deutschen steht der Konjunktiv sowohl im Haupt- als auch im Nebensatz.

Auf die Konjunktion *éсли* folgt **бы** in der Regel **unmittelbar**.

## § 13 Die Indefinitpronomen und -adverbien mit -то und -нибудь

**W** Du weißt, dass Indefinitpronomen und -adverbien die Unbestimmtheit von Personen, Gegenständen und Umständen bezeichnen. Dies wird im Deutschen durch *irgend-* ausgedrückt.

**NEU** Du lernst, wie diese Pronomen und Adverbien im Russischen gebildet und gebraucht werden.

У меня́ чтó-то для тебя́ есть.

| Fragepronomen | Indefinitpronomen | | Frageadverbien | Indefinitadverbien | |
|---|---|---|---|---|---|
| кто? → | ктó-то<br>ктó-нибудь | jemand<br>irgendjemand | когда́? → | когда́-то<br>когда́-нибудь | irgendwann |
| что? → | чтó-то<br>чтó-нибудь | etwas<br>irgendetwas | где? → | гдé-то<br>гдé-нибудь | irgendwo |
| какóй? → | какóй-то<br>какóй-нибудь | irgendein | куда́? → | куда́-то<br>куда́-нибудь | irgendwohin |

**R4** Die Indefinitpronomen werden durch Anfügen von -то und -нибудь an das Fragewort gebildet. Nur der erste Teil des Pronomens wird dekliniert (GBH II, §§ 2, 9 und 13), -**то** und -**нибудь** sind **unveränderlich**: ктó-то, когó-то, комý-то usw., чтó-нибудь, чегó-нибудь usw.
Die **Indefinitadverbien** aus Frageadverb + -то bzw. -нибудь sind stets **unveränderlich**.

| | |
|---|---|
| – Мне кто́-нибудь звони́л? | – Hat mich (irgend)jemand (= gleichgültig wer) angerufen? |
| – Да, кто́-то звони́л, но я забы́л, кто. Како́й-то па́рень. | – Ja, es hat (irgend)jemand angerufen, aber ich habe vergessen, wer. Irgendein junger Mann. |
| – Он что́-то сказа́л, но я не по́нял. Он говори́л по-англи́йски. | – Er hat (irgend)etwas gesagt, aber ich habe es nicht verstanden. Er hat Englisch gesprochen. |
| – У тебя́ есть что́-нибудь о футбо́ле? Каки́е-нибудь журна́лы и́ли газе́ты? | – Hast du (irgend)etwas (= gleichgültig was) über Fußball? Irgendwelche (= gleichgültig welche) Zeitschriften oder Zeitungen? |
| – Что́-то об Арша́вине? | – (Irgend)etwas (= unbekannt was) über Arschawin? |
| – Да, я уже́ чита́л каку́ю-то статью́ о нём. | – Ja, ich habe schon irgendeinen (= unbekannt welchen) Artikel über ihn gelesen. |
| – Когда́-то я уже́ была́ у вас в гостя́х. | – Irgendwann/Einmal (= unbekannt wann) war ich schon bei euch zu Gast. |
| – Когда́-нибудь я ещё раз прие́ду к вам. | – Irgendwann (= gleichgültig wann) werde ich noch einmal zu euch kommen. |

**R5** Indefinitpronomen und -adverbien weisen auf Erscheinungen hin, über die der Sprecher seinen Gesprächspartner im Unklaren lässt. Er kann oder will sie nicht genauer benennen.

| -то | -нибудь |
|---|---|
| Dem Sprecher sind bestimmte Personen/Gegenstände/Merkmale zum Zeitpunkt der Aussage **nicht bekannt** oder er hält sie **nicht** für **erwähnenswert** (oft in Aussagesätzen). | Dem Sprecher ist es **gleichgültig**, um welche Personen/Gegenstände/Merkmale es sich handelt (oft in Frage- und Aufforderungssätzen). |

⚠ Verben, die sich auf кто́-то und кто́-нибудь beziehen, stehen in der maskulinen Form des Präteritums, z. B. Кто́-то звони́л.

⚠ Verben, die sich auf что́-то und что́-нибудь beziehen, stehen in der neutralen Form des Präteritums, z. B. Что́-то случи́лось.

## § 14 Zeitangaben

NEU Du lernst wichtige Zeitangaben in Bedeutung und Gebrauch abzugrenzen.

| Fragen | Gebrauch | Bedeutung | Beispiele |
|---|---|---|---|
| **Datumsangaben** | | | |
| В како́м ве́ке/ году́/ме́сяце? | в + *Präp.* | im ... Jahrhundert im Jahr ... im *(Monat)* | в про́шлом ве́ке/в XXI ве́ке в 1995-м году́/в 2015-м году́ в ма́е |
| Како́го числа́? Когда́? | *Gen.* в + *Akk.* по + *Dat. Pl.* на + *Präp.* | am ... am *(Wochentag)* ...tags in/im | **6-го** ма́я 2013-**го** го́да **во** вто́рник/**в** сре́ду/**в** четве́рг **по** вто́рника́м/**по** среда́м/**по** четверга́м **на** э́той неде́ле |

| Uhrzeit | | | |
|---|---|---|---|
| **Во** ско́лько? | в + *Akk.* | um … Uhr | **в** час/**в** два часа́/**в** пять часо́в одну́ мину́т**у** |

| Zeiträume/Dauer | | | |
|---|---|---|---|
| **С** как**о́го до** как**о́го** го́д**а?** | с + *Gen.* … до + *Gen.* | von … bis | **с** 2000-**го до** 2013-**го** го́да/**с** ма́я **до** ию́ля |
| **С** каки́х пор? **До** каки́х пор? | | seit(dem) bis (jetzt) | **с тех пор**; **с** утра́/**со** среды́/**с** ма́я/**с** ле́та **до сих пор**; **до** воскресе́нья |
| **С** как**о́го** го́д**а по** как**о́й** год? | с + *Gen.* … по + *Akk.* | von … bis (einschließlich) | **с** 2010-**го по** 2011-**й** год/**с** ма́я **по** ию́ль |
| Как до́лго? | на + *Akk.* *Akk.* | für … lang | **на** час/**на** два дня/**на** неде́лю/**на** ме́сяц мину́ту/час/день/неде́лю/ме́сяц/год |
| Когда́? | во вре́мя + *Gen.* при + *Präp.* в + *Akk.* | während zur Zeit von, unter in | **во вре́мя** кани́кул/фи́льма/сва́дьб**ы** **при** Петре́ I/**при** Екатери́н**е** II **в** свобо́дн**ое** вре́мя/**в** э́ти го́д**ы** |
| Когда́? | *Akk.* + наза́д че́рез + *Akk.* | vor *(vor Zeitraum)* in *(nach Zeitraum)* | мину́ту/час/день/неде́лю/год **наза́д** **че́рез** мину́ту/час/день/неде́лю/год |
| Когда́? | пе́ред + *Instr.* по́сле + *Gen.* | vor *(Ereignis)* nach *(Ereignis)* | **пе́ред** экза́мен**ом**/переда́чей/нача́лом **по́сле** экза́мен**а**/переда́чи/нача́ла |

## § 15  Das Partizip Präteritum Passiv (Kurzform)

**w** Du weißt aus dem Deutschen, dass Partizipien von Verben gebildet werden. Die Partizipien des Perfekts (= „Partizip II") sind in der Regel am Präfix *ge-* und an der Endung *-en* oder *-t* zu erkennen, z. B. gelesen, gesagt.

**NEU** Du lernst, wie man die Kurzformen des Partizips Präteritum Passiv erkennt und übersetzt.

| | |
|---|---|
| Столи́ц**а** Росси́и располо́ж**ена** на берегу́ Москвы́-реки́. | Die Hauptstadt Russlands ist an der Moskwa gelegen. |
| Москва́ был**а́** осно́ва**на** в 1147 году́. | Moskau wurde 1147 gegründet. |
| Са́мый ста́рый вокза́л Москвы́ был постро́**ен** в 1849 году́. | Der älteste Bahnhof Moskaus wurde 1849 erbaut. |
| Здесь бу́дут постро́**ены** но́в**ые** гости́ницы. | Hier werden neue Hotels gebaut werden. |
| Когда́ бу́дет откры́**то** э́то зда́**ние**? | Wann wird dieses Gebäude eröffnet werden? |

| vo. Ableitungsverb | Stamm | Suffix | Endungen | Partizip | Übersetzung |
|---|---|---|---|---|---|
| основа́ть | основа- | **-н-** | --/-а/-о/-ы | осно́ван, -а, -о, -ы | gegründet |
| постро́ить | постро- | **-ен-** | --/-а/-о/-ы | постро́ен, -а, -о, -ы | gebaut, erbaut |
| реши́ть | реш- | **-ён-** | --/-а́/-о́/-ы́ | решён, решена́, -о́, -ы́ | gelöst, entschieden |
| откры́ть | откры- | **-т-** | --/-а/-о/-ы | откры́т, -а, -о, -ы | eröffnet, geöffnet |

**R 6** Das Partizip Präteritum Passiv wird in der Schrift- und Umgangssprache verwendet. Seine Kurzformen erkennst du an den Suffixen **-н-**, **-ен-/-ён-** und **-т-**. Sie werden wie die Kurzformen der Adjektive nur **prädikativ** gebraucht und stimmen in **Person**, **Genus** und **Numerus** mit dem **Subjekt** überein. Sie werden im Präteritum mit был/-а́/-о/-и und im Futur mit бу́дет/бу́дут verwendet. Im Deutschen gibt man sie durch das Partizip II wieder.

# Всё понятно?

**1** Прочитай, о чём думает Екатерина. Finde die Sätze im Konjunktiv und übersetze sie.

Скоро во дворце будет бал. Я так хотела бы надеть моё любимое платье! В нём я очень понравилась бы Петру. Он так мало времени проводит со мной. У него в голове только солдатики, а ему ведь уже 17! Я сказала бы ему, что мне ужасно грустно и скучно. Может быть, тогда он танцевал бы со мной целый вечер. Ах, это было бы так прекрасно!

**2** Представь себе, что ты с одноклассниками в Петербурге. Напиши, что вы там (с)делали бы.

➤➤ я – поехать в Петергоф ➜ Я поехал(а) бы в Петергоф.

**а)** Юлия – каждый вечер ходить в театр

**б)** Аня и Ян – познакомиться с историческими местами Петербурга

**в)** Тим – погулять по Невскому проспекту

**г)** все – снять Зимний дворец и другие достопримечательности

**д)** Лена – встретиться со своим русским другом

**е)** Лукас – пойти на дискотеку

**3 а)** Расскажи, что ты (с)делал(а) бы, если бы у тебя было много свободного времени.

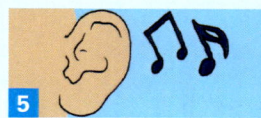   

**б)** Напиши, что вы с друзьями (с)делали бы во время каникул. Используй «если бы».

➤➤ Если бы шёл дождь, мы смотрели бы телевизор.

**4** Ответь на вопросы.

➤➤ Кто провёл важные реформы в России? [Ты знаешь, что царь, но забыл(а), какой.]
   ➜ Это был какой-то знаменитый царь.

**а)** Кто организовал Октябрьскую революцию? [Это был большевик из Петербурга, но ты не знаешь, как его зовут.]

**б)** Какое имя было у Екатерины раньше? [Ты знаешь, что немецкое, но забыл(а), какое.]

**в)** Какой человек первым полетел в космос? [Ты знаешь, что он русский, но забыл(а), как его зовут.]

**г)** Что вам рассказали на уроке о Горбачёве? [Ты это забыл(а).]

**5** Попроси русского друга/русскую подругу…

**а)** дать тебе статьи о русской истории, неважно какие.

**б)** принести тебе книгу об эпохе Сталина, неважно какую.

**в)** купить тебе историческую карту России, неважно какую.

**г)** показать тебе фотографии Янтарной комнаты, неважно какие.

**6** Дополни разговоры. Вставь «-то» или «-нибудь».

**а)** – Мне кто-■ звонил?

– Да, кто-■ звонил. Но я не знаю, кто. По-моему, какая-■ одноклассница.

**б)** – В каком-■ журнале я нашёл интересную статью о декабристах, но забыл, в каком.

– Может быть, ты её видел в каком-■ немецком журнале?

**в)** – Ты знаешь кого-■, кто хорошо знает русскую историю?

– Тебе надо что-■ написать о русской истории?

– Да, что-■ о роли перестройки в России, но я о перестройке почти ничего не знаю.

– Поговори об этом с кем-■ из кружка по истории.

**7** Переведи. Gib die Bedeutung der unbestimmten Adverbien möglichst genau wieder.

**а)** – Ты куда-нибудь поедешь на каникулы?

– Да, в Россию. Но мы ещё не решили куда.

**б)** – Ты когда-нибудь была в Историческом музее?

– Да, много лет назад. Здесь где-то была интересная выставка об истории русских немцев.

– Есть здесь где-нибудь книжный магазин?

– Не знаю. Спроси у кого-нибудь из сотрудников музея.

**8** Напиши антонимы.

**а)** поздно

**б)** через год

**в)** вчера

**г)** перед каникулами

**д)** утром

**е)** до войны

**ж)** днём

**з)** месяц назад

**и)** летом

**к)** в этом году

**9** Скажи по-русски, когда это было/будет.

**а)** im Jahr 2010 (2011, 2015, 2020)

**б)** im Mai 2005 (2010, 2012, 2014)

**в)** im Winter 2008 (Sommer 2018)

**г)** am 1.5.2003 (14.2.2006, 8.3.2016)

**д)** am Dienstag (Mittwoch, Sonntag)

**е)** dienstags (mittwochs, sonntags)

**ж)** morgens (tagsüber, abends, nachts)

**з)** um 8 Uhr (16, 20, 21, 22, 24 Uhr)

**и)** vor 1 Stunde (2 Wochen, 4 Monaten, 10 Jahren)

**к)** in 2 Stunden (1 Woche, 6 Monaten, 3 Jahren)

**л)** in der vergangenen (nächsten) Woche

**м)** im letzten (nächsten) Monat

**10 а)** Переведи надписи (Aufschriften).

**1** Открыто

**2** Закрыто

**3** Библиотека открыта с 9 до 22 ч.

**4** Стол заказан

**5** Построено в 1888 г.

**6** Все билеты проданы

**б)** Переведи заглавия.

**1** Выбран новый президент

**2** В Ираке убито много человек

**3** В Италии были разрушены дома

**4** В Москве открыт кинофестиваль

▶ Die Lösungen findest du auf Seite 44/45.

# Ру́сский рок

Wie war das noch mit den Partizipien?
Im Deutschen sind es nur zwei.
Im Russischen gibt es vier: zwei im
Aktiv, zwei im Passiv. Sie haben vieles
gemeinsam. Das hilft dir, sie zu verstehen.
Auf S. 32–34 findest du dazu eine
Übersicht und auch Tipps, wie du am
besten beim Übersetzen vorgehst.

## § 16  Das Partizip Präteritum Aktiv

**W**  Du weißt, dass russische Partizipien aus einem Verbstamm und einer Adjektivendung bestehen (§ 15).

**NEU**  Du lernst, woran man das Partizip Präteritum Aktiv erkennt und wie man es übersetzt.

| | |
|---|---|
| Там стоя́л *музыка́нт*, **игра́вший** рок-му́зыку. | Dort stand der Musiker, **der** Rockmusik **spielte**. |
| Она́ познако́милась с молоды́м *челове́ком*, **око́нчившим** консервато́рию. | Sie lernte einen jungen Mann kennen, **der** das Konservatorium **abgeschlossen hat (hatte)**. |
| В библиоте́ке мы встре́тили *де́вушку*, **занима́вшуюся** исто́рией рок-му́зыки. | In der Bibliothek trafen wir das Mädchen, **das sich** mit der Geschichte der Rockmusik **beschäftigte**. |
| Они́ позвони́ли *дру́гу*, **помо́гшему** им организова́ть конце́рт в шко́ле. | Sie riefen den Freund an, **der** ihnen **geholfen hatte**, das Schulkonzert zu organisieren. |

| Ableitungsverb | Partizip (Stamm-Suffix-Endung) | Übersetzung |
|---|---|---|
| игра́ть *uv.* | игра́-**вш**-ий/-ая/-ее/-ие | jemand, der spielte |
| око́нчить *vo.* | око́нчи-**вш**-ий/-ая/-ее/-ие | jemand, der abgeschlossen hat/hatte |
| занима́ться *uv.* | занима́-**вш**-ийся/-аяся/-ееся/-иеся | jemand, der sich beschäftigte |
| помо́чь *vo.* | помо́г-**ш**-ий/-ая/-ее/-ие | jemand, der geholfen hat/hatte |

**R 1**  Das Partizip Präteritum Aktiv erkennt man an
- den Suffixen -**вш**- (nach Vokal) oder -**ш**- (nach Konsonant),
- der Adjektivendung (vgl. хоро́ший).

Es stimmt mit seinem **Bezugswort** in **Genus**, **Numerus** und **Kasus** überein.
Im Satz bezeichnet das Partizip Präteritum Aktiv **vollendeter** Verben eine Neben-
handlung, die **vor** der Haupthandlung (= Handlung des Prädikats) **abgelaufen ist**.
Das Partizip **unvollendeter** Verben verweist auf eine Nebenhandlung, die **gleichzeitig**
zur Handlung des Prädikats verlaufen ist. Im Deutschen wird es meist durch einen
Relativsatz im Aktiv wiedergegeben.

⚠ Das Partizip Präteritum Aktiv von **идти** erkennst du an den Formen **ше́дший** (-ee, -ая, -ие); das von **провести** an **прове́дший** (-ee, -ая, -ие).

Bei reflexiven Verben wird an das Partizip **immer** das Suffix **-ся** angefügt, auch nach Vokal!
→ интересова́вшийся, интересова́вшееся, интересова́вшаяся, интересова́вшиеся.

| | |
|---|---|
| Мы говори́ли с **выступа́вшим** на фестива́ле музыка́нтом. | Wir sprachen mit dem bei dem Festival auftretenden Musiker. |
| Мы говори́ли с музыка́нтом, **выступа́вшим** на фестива́ле. | Wir sprachen mit dem Musiker, der bei dem Festival auftrat. |

**R2** Das vor allem in der Schriftsprache gebräuchliche Partizip Präteritum Aktiv kann **vor** oder **hinter** dem **Bezugswort** stehen. Es kann durch ein Objekt oder eine Adverbialbestimmung zu einer Partizipialkonstruktion erweitert sein. Dem Bezugswort nachgestellte Partizipialkonstruktionen werden immer durch **Komma** abgetrennt.

⚠ In der gesprochenen Sprache werden Partizipialkonstruktionen sehr oft durch Relativsätze mit кото́рый wiedergegeben.

## § 17 Das Partizip Präsens Aktiv

**W** Im Deutschen erkennst du das Partizip Präsens (Partizip I) an der Endung -d (singend, spielend).

**NEU** Du lernst, woran man das russische Partizip Präsens Aktiv erkennt und wie man es übersetzt.

| | |
|---|---|
| **Выступа́ющая** в Москве́ *рок-гру́ппа* о́чень успе́шная. | Die in Moskau **auftretende** Rockband ist sehr erfolgreich. (Die Rockband, **die** in Moskau **auftritt**, …) |
| *Я́ну*, **живу́щему** в Герма́нии, нра́вится ру́сский рок. | Dem in Deutschland **lebenden** Jan gefällt russischer Rock. (Jan, **der** in Deutschland **lebt**, …) |
| Мы идём в *клуб*, **находя́щийся** в це́нтре го́рода. | Wir gehen in den Klub, **der sich** im Stadtzentrum **befindet**. |
| И́на *берёт* гита́ру, **лежа́щую** на столе́. | Ina *nimmt* die Gitarre, **die** auf dem Tisch **liegt**. |
| И́на *взяла́* гита́ру, **лежа́щую** на столе́. | Ina *nahm* die Gitarre, **die** auf dem Tisch **lag**. |

| uv. Ableitungsverb | Partizip (Stamm-Suffix-Endung) | Übersetzung |
|---|---|---|
| выступа́ть | выступа́-**ющ**-ий/-ая/-ее/-ие | auftretend; jemand, der auftritt |
| жить | жив-**у́щ**-ий/-ая/-ее/-ие | lebend; jemand, der lebt |
| находи́ться | наход-**я́щ**-ийся/-аяся/-ееся/-иеся | sich befindend; jemand, der sich befindet |
| лежа́ть | леж-**а́щ**-ий/-ая/-ее/-ие | liegend; jemand, der liegt |

**R3** Das Partizip Präsens Aktiv erkennt man an
- den Suffixen -**ющ**-/-**ущ**- (e-Konjugation) oder -**ящ**-/-**ащ**- (и-Konjugation),
- der Adjektivendung (vgl. хоро́ший).

Es stimmt mit seinem **Bezugswort** in **Genus**, **Numerus** und **Kasus** überein.
Das Partizip Präsens Aktiv wird nur von **unvollendeten** Verben gebildet.
Im Satz bezeichnet es eine Nebenhandlung, die **gleichzeitig** zur Haupthandlung
(= Handlung des Prädikats) verläuft, verlaufen ist oder verlaufen wird. Im Deutschen
wird es meist durch das Partizip I oder einen Relativsatz im Aktiv wiedergegeben.

⚠ Bei reflexiven Verben steht **immer** (auch nach Vokal!) das Suffix -**ся**, z. B. интересу́ющийся.

⚠ Wie die anderen Partizipien kann auch das Partizip Präsens Aktiv **vor** oder **hinter**
dem Bezugswort stehen und durch zusätzliche Informationen erweitert sein.

⚠ Einige Partizipien Präsens Aktiv sind zu Adjektiven oder Substantiven geworden und
werden auch in der gesprochenen Sprache verwendet, z. B. сле́дующий – *der nächste*,
бу́дущее – *die Zukunft*.

## § 18 Das Partizip Präsens Passiv

**W** Du weißt, dass das Präsens Passiv im Deutschen an der Präsensform von *werden* + Partizip II zu erkennen ist, z. B. (der Titel) *wird gespielt*, (die Lieder) *werden gesungen*.

**NEU** Du lernst, woran man das russische Partizip Präsens Passiv erkennt und wie man es übersetzt.

| | |
|---|---|
| Музыка́льные *вечера́*, **организо́вываемые** у нас, начина́ются в 18 часо́в. | Die Musikabende, **die** bei uns **organisiert werden**, beginnen um 18 Uhr. (Die bei uns **organisierten** Musikabende ...) |
| **Дискути́руем**ые там *те́мы* обы́чно всем нра́вятся. | Die Themen, **die** dort **diskutiert werden**, gefallen meistens allen. (Die dort **diskutierten** Themen ...) |
| Ребя́та расска́зывают о *конце́ртах*, **проводи́м**ых в а́ктовом за́ле. | Die Jugendlichen erzählen von den Konzerten, **die** in der Aula **durchgeführt werden**. |

| uv. Ableitungsverb | Partizip (Stamm-Suffix-Endung) | Übersetzung |
|---|---|---|
| организо́вывать | организо́выва-**ем**-ый/-ая/-ое/-ые | etwas, das organisiert wird |
| дискути́ровать | дискути́ру-**ем**-ый/-ая/-ое/-ые | etwas, das diskutiert wird |
| проводи́ть | провод-**им**-ый/-ая/-ое/-ые | etwas, das durchgeführt wird |

**R4** Das Partizip Präsens Passiv erkennt man
- an den Suffixen **-ем-** (e-Konjugation) oder **-им-** (и-Konjugation),
- an der Adjektivendung (vgl. но́вый).

Es stimmt mit seinem Bezugswort in **Genus**, **Numerus** und **Kasus** überein.
Das Partizip Präsens Passiv wird nur von **unvollendeten** Verben gebildet wird, die mit einem Akkusativobjekt stehen können. Es bezeichnet eine Nebenhandlung, die **gleichzeitig** zur Haupthandlung (= Handlung des Prädikats) verläuft.
Im Deutschen wird es meist durch einen Relativsatz im Präsens Passiv oder das Partizip II wiedergegeben.

⚠ Einige Partizipien Präsens Passiv können auch als Adjektive auftreten, z. B. уважа́емый актёр – *der verehrte Schauspieler*, люби́мое ме́сто – *der Lieblingsplatz*.

⚠ Das Partizip Präsens Passiv kann **vor** oder **hinter** dem Bezugswort stehen.

| | |
|---|---|
| Конце́рты, организо́вываемые **ученика́ми** (**и́ми**), о́чень популя́рные. | Die Konzerte, die **von den Schülern (von ihnen)** organisiert werden, sind sehr beliebt. |

**R5** Wird der **Urheber** (=Träger der Handlung) angegeben, steht das entsprechende Wort im **Instrumental**.

## § 19 Das Partizip Präteritum Passiv (Langform)

**w** Du weißt, wie man die Kurzformen des Partizips Präteritum Passiv erkennt und übersetzt (§ 15).

**NEU** Du lernst, woran man die Langform des Partizips Präteritum Passiv erkennt und wie man sie übersetzt.

| | |
|---|---|
| **Осно́ванный** Екатери́ной II *Эрмита́ж* нахо́дится на берегу́ Невы́. | Die von Katharina II. **gegründete** Eremitage befindet sich am Ufer der Newa. |
| В *музе́е*, **откры́том** ка́ждый день, всегда́ мно́го посети́телей. | In dem Museum, **das** jeden Tag **geöffnet ist**, sind immer viele Besucher. |
| В *зда́нии*, **постро́енном** в XVIII ве́ке, ча́сто прохо́дят интере́сные вы́ставки. | In dem Gebäude, **das** im 18. Jahrhundert **erbaut wurde**, finden oft interessante Ausstellungen statt. |
| Худо́жник познако́мился со все́ми *гостя́ми*, **приглашёнными** на откры́тие вы́ставки. | Der Künstler machte sich mit allen Gästen bekannt, **die** zur Eröffnung der Ausstellung **eingeladen worden waren**. |

| vo. Ableitungsverb | Partizip (Stamm-Suffix-Endung) | Übersetzung |
|---|---|---|
| основа́ть | осно́ва-**нн**-ый/-ая/-ое/-ые | gegründet |
| постро́ить | постро́-**енн**-ый/-ая/-ое/-ые | erbaut |
| пригласи́ть | приглаш-**ённ**-ый/-ая/-ое/-ые | eingeladen |
| откры́ть | откры́-**т**-ый/-ая/-ое/-ые | geöffnet; eröffnet |

**R6** Die Langformen des Partizip Präteritum Passiv erkennt man an
- den Suffixen -**нн**-, -**енн**-, -**ённ**- und -**т**-
- der Adjektivendung (vgl. новый)

Die Langformen stimmen mit ihrem **Bezugswort** in **Genus**, **Numerus** und **Kasus** überein. Sie werden nur von **vollendeten** Verben gebildet, die mit einem Akkusativobjekt stehen können. Sie bezeichnen eine Nebenhandlung, die **vor** der Haupthandlung (= Handlung des Prädikats) **abgelaufen ist**. Im Deutschen werden die Langformen meist durch einen Relativsatz im Präteritum Passiv oder das Partizip II wiedergegeben.

⚠ Die Langform des Partizips Präteritum Passiv kann **vor** oder **hinter** dem Bezugswort stehen.

Der **Handlungsträger** steht im **Instrumental**:
го́род, осно́ванный **царём**
– *die vom Zaren gegründete Stadt*

## §20 Das Adverbialpartizip der Gleichzeitigkeit

Вéсело смея́сь и разгова́ривая, ребя́та шли по у́лице. Вдруг …

**NEU** Anders als im Deutschen kann im Russischen die Haupthandlung eines Satzes durch **Adverbialpartizipien** näher erklärt werden. Du lernst nun, woran man das Adverbialpartizip der Gleichzeitigkeit erkennt und wie man es übersetzt.

| | |
|---|---|
| **Слу́шая** му́зыку, я отдыха́л(а). | Musik **hörend**, ruhte ich mich aus.<br>Ich hörte Musik **und** ruhte mich aus.<br>**Als/Während** ich Musik hörte, ruhte ich mich aus.<br>**Beim** Musikhören ruhte ich mich aus. |
| **Жела́я** вы́учить ру́сский язы́к,<br>она́ пое́хала в Росси́ю. | **Da** sie Russisch lernen wollte, ist sie nach Russland gefahren. (Sie ist nach Russland gefahren, **weil** …) |
| Гро́мко **смея́сь**, мы слу́шаем его́ расска́з. | Wir hören seine Erzählung an **und** lachen (dabei) laut. |
| **Держа́** в руке́ кни́гу, он вы́шел из ко́мнаты. | Er verließ das Zimmer mit einem Buch **in der Hand**. |

| uv. Ableitungsverb | Adverbialpartizip (Stamm-Suffix) | Übersetzung |
|---|---|---|
| слу́шать | слу́ша-**я** | (zu)hörend |
| жела́ть | жела́-**я** | wünschend; wollend |
| смея́ться | сме-**я́**-сь | lachend |
| держа́ть | держ-**а́** | haltend |

**R7** Adverbialpartizipien bezeichnen eine **zusätzliche Handlung**, die die Haupthandlung (= Handlung des Prädikats) näher charakterisiert. Haupt- und Nebensatz haben dabei **dasselbe Subjekt**. Die Adverbialpartizipien sind **unveränderlich** und treten nur in der **Schriftsprache** auf.

Das Adverbialpartizip der Gleichzeitigkeit erkennt man
- an den Suffixen **-я** bzw. **-а** (nach Zischlaut)
- bei reflexiven Verben an **-ясь/-ась**

Das Adverbialpartizip der Gleichzeitigkeit wird meist von **unvollendeten** Verben gebildet. Es bezeichnet eine Nebenhandlung, die **gleichzeitig** zur Haupthandlung verläuft.

Es kann auf verschiedene Weise übersetzt werden, z. B. durch
- das Partizip I (-*end*)
- Adverbialsätze (z. B. *als, während, weil/da*)
- 2 Prädikate (verbunden mit *und*)
- Fügungen aus Präposition + Substantiv (z. B. *beim*)

⚠ Nebenhandlungen, die durch Adverbialpartizipien der Gleichzeitigkeit ausgedrückt werden, werden im Deutschen jeweils in derselben Zeitform wie die Haupthandlung übersetzt, z. B.

| | |
|---|---|
| Разгова́ривая, мы **гуля́ли** в лесу́. | Wir **gingen** im Wald spazieren und **unterhielten** uns dabei. |
| Разгова́ривая, мы **гуля́ем** в лесу́. | Wir **gehen** im Wald spazieren und **unterhalten** uns dabei. |
| Разгова́ривая, мы **бу́дем гуля́ть** в лесу́. | Wir **werden** im Wald spazieren **gehen** und uns dabei **unterhalten**. |

⚠ Ein verneintes Adverbialpartizip der Gleichzeitigkeit kann durch ***ohne zu*** übersetzt werden, z. B. Ничего́ не говоря́, он вы́шел из ко́мнаты. – *Ohne etwas zu sagen, hat er das Zimmer verlassen.*

## §21  Das Adverbialpartizip der Vorzeitigkeit

**NEU** Du lernst, woran man das Adverbialpartizip der Vorzeitigkeit erkennt und wie man es übersetzt.

| | |
|---|---|
| **Пообе́дав**, мы сде́лали уро́ки. | **Nachdem** wir zu Mittag gegessen hatten, haben wir die Hausaufgaben gemacht. Wir haben zu Mittag gegessen **und (dann)** die Hausaufgaben gemacht. **Nach** dem Mittagessen haben wir die Hausaufgaben gemacht. |
| **Встре́тившись** с друзья́ми, Ве́ра и И́ра пое́хали домо́й. | **Nachdem** sie sich mit ihren Freunden getroffen hatten, sind Wera und Ira nach Hause gefahren. |
| **Прие́хав** домо́й, они́ помогли́ роди́телям в саду́. | Zuhause **angekommen**, haben sie den Eltern im Garten geholfen. |
| **Помо́гши** роди́телям, они́ смо́трят телеви́зор. | **Nachdem** sie den Eltern geholfen haben, sehen sie fern. |

| vo. Ableitungsverb | Adverbialpartizip (Stamm-Suffix) | Übersetzung |
|---|---|---|
| пообе́дать | пообе́да-**в** | nach dem Mittagessen |
| прие́хать | прие́ха-**в** | angekommen |
| встре́титься | встре́ти-**вши**-сь | nach dem Treffen |
| помо́чь | помо́г-**ши** | nachdem … geholfen … |

**R8** Das Adverbialpartizip der Vorzeitigkeit erkennt man
  • an den Suffixen -**в** (nach Vokal) bzw. -**ши** (nach Konsonant)
  • bei reflexiven Verben an -**вшись** (nach Vokal) bzw. -**шись** (nach Konsonant)

Das Adverbialpartizip der Vorzeitigkeit wird meist von **vollendeten** Verben gebildet. Es bezeichnet bezeichnet eine Nebenhandlung, die **vor** der Hauthandlung (= Handlung des Prädikats) **abgeschlossen ist** bzw. **sein wird**. Es kann auf verschiedene Weise übersetzt werden, z. B. durch
  • Adverbialsätze (z. B. *nachdem/als*)
  • 2 Prädikate (verbunden mit *und dann/und anschließend*)
  • Fügungen aus Präposition + Substantiv (z. B. *nach*)
  • Partizip II

⚠ Ein verneintes Adverbialpartizip der Vorzeitigkeit kann durch ***ohne … zu haben/zu sein*** übersetzt werden, z. B. Не поза́втракав, оте́ц пошёл на рабо́ту. – *Ohne gefrühstückt zu haben, ist der Vater zur Arbeit gegangen.*

## §22 Die Deklination der Familiennamen

**W** Du weißt bereits, dass es die russischen Familiennamen in der männlichen (Лукин), weiblichen (Лукина́) und Pluralform (Лукины́) gibt (GBH I, §18).

**NEU** Du lernst jetzt, wie die russischen Familiennamen auf -ов, -ев, -ёв und -ин, -ын dekliniert werden.

|        | maskulin       | feminin        | Plural        |
|--------|----------------|----------------|---------------|
| Nom.   | Петро́в        | Петро́в**а**   | Петро́в**ы**  |
| Gen.   | Петро́в**а**   | Петро́в**ой**  | Петро́в**ых** |
| Dat.   | Петро́в**у**   | Петро́в**ой**  | Петро́в**ым** |
| Akk.   | Петро́в**а**   | Петро́в**у** (!) | Петро́в**ых** |
| Instr. | Петро́в**ым** (!) | Петро́в**ой**  | Петро́в**ыми** |
| Präp.  | (о) Петро́в**е** | (о) Петро́в**ой** | (о) Петро́в**ых** |

**R 9** Die russischen Familiennamen auf **-ов** (Петро́в), **-ев** (То́карев), **-ёв** (Горбачёв) und **-ин** (Пу́шкин), **-ын** (Сини́цын) werden teils wie Substantive und teils wie Adjektive dekliniert.

⚠ Familiennamen auf **-ой/-ая** (Толсто́й/Толста́я) und **-(к)ий/-(к)ая** (Чайко́вский/Чайко́вская) werden durchgängig wie Adjektive dekliniert.

Vorsicht bei weiblichen Namen:
Ири́на **Петро́вна** ➡ von Пётр abgeleiteter **Vatersname**
Ири́на **Петро́ва** ➡ **Familienname**

⚠ **Nicht dekliniert** werden:
– weibliche und männliche Familiennamen nichtrussischer Herkunft auf Vokal (außer auf -а, -я): Кли́чко, Гёте
– weibliche Familiennamen nichtrussischer Herkunft auf Konsonant: (Гизела) Шнайдер.

# Всё понятно?

**1** Переведи заглавия.
**а)** О проблемах работающих женщин   **б)** Разговор с парнем, мечтающим стать президентом   **в)** Танцующие дети   **г)** Машина, умеющая говорить
**д)** В гостях у ребят, живущих в Сибири

**2 а)** Дополни и переведи предложения.
1. Ученикам, ■ в Россию, там понравилось.
2. Ребята, ■ страной и людьми, жили в русских семьях.
3. Они дружили с учениками, ■ с ними в классе.
4. Ребята, ■ в обмене, узнали много нового.

участвовавшие

интересовавшиеся

учившимися   приехавшим

**б)** Напиши об этих учениках. Ersetze die Partizipialkonstruktionen durch Relativsätze.

**3** Переведи предложения.
**а)** Молодые музыканты протестовали против политики, проводимой правительством СССР.
**б)** В фильмах, снимаемых режиссёром Сергеем Соловьёвым, много современной музыки.
**в)** Мы смотрим интервью с горячо любимым публикой Юрием Шевчуком из группы «ДДТ».
**г)** Музыкальные инструменты, используемые группой «Аквариум», очень необычны.
**д)** На фестивале «Нашествие», организовываемом каждый год, выступает много новых групп.

**4** А, Б или В?   **а)** Переведи предложения и   **б)** найди правильные ответы.
1. Город на Неве, основанный русским царём.
   **А** Екатеринбург   **Б** Санкт-Петербург   **В** Ярославль
2. Крепость, построенная по плану этого царя.
   **А** Кремль   **Б** Исаакиевский собор   **В** Петропавловская крепость
3. Восстание, организованное большевиками в 1917 году в Петербурге.
   **А** Перестройка   **Б** Отечественная война   **В** Октябрьская революция
4. Знаменитый музей, который сначала был коллекцией картин, купленных Екатериной II.
   **А** Эрмитаж   **Б** Русский музей   **В** Третьяковская галерея
5. Главная площадь Петербурга, снятая во многих фильмах, где часто проходят концерты.
   **А** Красная площадь   **Б** Дворцовая площадь   **В** площадь Революции

**5** Тина по обмену в Москве. Переведи предложения.
**а)** Прилетев в Москву, Тина сразу позвонила домой.   **б)** Познакомившись со своей русской семьёй, она рассказала о поездке.   **в)** Показав Тине её комнату, семья пригласила её к столу.   **г)** Сидя в гостиной, они разговаривали о Москве.
**д)** Вечером гуляя по Красной площади, Тина много фотографировала.   **е)** Погуляв по центру Москвы, они поехали домой.   **ж)** Живя в Москве, Тина узнавала много нового.
**з)** Учась в московской школе, Тина познакомилась с новыми друзьями.

**6** Расскажи   **а)** об Ольге Волковой,   **б)** о Николае Кукушкине и   **в)** о Грачёвых.
1. ■ живёт/живут в Москве.   3. Я уже давно знаю ■.   5. Я дружу с ■.
2. Там ■ очень нравится.   4. Лариса – внучка ■.   6. Я часто думаю о ■.

▶ Die Lösungen findest du auf Seite 46.

# Die Partizipien

## 1 Formen und Verwendung

| Merkmale | Partizip Präsens Aktiv | Partizip Präteritum Aktiv | Partizip Präsens Passiv | Partizip Präteritum Passiv |
|---|---|---|---|---|
| 1. Suffix + Adjektivendung. | – слу́шающий<br>– пи́шущий<br>– говоря́щий<br>– уча́щийся<br>➔ nur **uv.** Verben | – чита́вший<br>– купи́вший<br>– занима́вшийся<br>– помо́гший<br>➔ **uv.** und **vo.** Verben | – чита́емый<br>– дискути́руемый<br>– проводи́мый<br>– стро́имый<br>➔ nur **uv.** Verben | – прочи́танный<br>– постро́енный<br>– приглашённый<br>– откры́тый<br>➔ nur **vo.** Verben |
| 2. Stimmen mit dem *Bezugswort* in Genus, Numerus und Kasus überein.<br>3. Können **vor** oder **nach** dem Bezugswort stehen. | Я зна́ю **слу́шающего** му́зыку *ма́льчика*.<br>= Я зна́ю *ма́льчика*, **слу́шающего** му́зыку. | Он дружи́л с **занима́вшейся** баскетбо́лом *де́вушкой*.<br>= Он дружи́л с *де́вушкой*, **занима́вшейся** баскетбо́лом. | **Дискути́руемые** в кла́ссе *те́мы* о́чень интере́сные.<br>= *Те́мы*, **дискути́руемые** в кла́ссе, о́чень интере́сные. | **Прочи́танный** на уро́ке *расска́з* всем понра́вился.<br>= *Расска́з*, прочи́танный на уро́ке, всем понра́вился. |
| 4. In gesprochener Sprache: häufig Ersatz durch **Relativsätze**. | Я зна́ю *ма́льчика*, **кото́рый** слу́шает му́зыку. | Он дружи́л с *де́вушкой*, **кото́рая** занима́лась баскетбо́лом. | *Те́мы*, **кото́рые** дискути́руют в кла́ссе, о́чень интере́сные. | *Расска́з*, **кото́рый** прочита́ли на уро́ке, всем понра́вился. |
| 5. Passiv-Partizipien:<br>*Urheber* (=Träger der Handlung) steht im **Instrumental**. | | | Те́мы, **дискути́руемые** *ученика́ми* в кла́ссе, о́чень интере́сные. | Расска́з, **прочи́танный** *на́ми* на уро́ке, всем понра́вился. |

**Gebrauch der Partizipien**
– vor allem in der Schriftsprache
– Langformen: als Attribut
– Kurzformen (nur Partizip Präteritum Passiv): prädikativ

## 2 Übersetzung (Tipps für das Vorgehen)

| | Partizip Präsens Aktiv | Partizip Präteritum Aktiv | Partizip Präsens Passiv | Partizip Präteritum Passiv |
|---|---|---|---|---|
| Beispiel | Я сижу рядом с парнем, читающим роман. | Я сидел рядом с парнем, (про)читавшим роман. | Мы говорим о романе, читаемом парнем в библиотеке. | Мы говорили о романе, прочитанном парнем в библиотеке. |
| 1. Bestimme das Partizip (Suffix!). | читающим → -ющ- → Präsens Aktiv | (про)читавшим → -вш- → Präteritum Aktiv | читаемом → -ем- → Präsens Passiv | прочитанном → -нн- → Präteritum Passiv |
| 2. Finde das Bezugswort. | рядом с парнем | рядом с парнем | о романе | о романе |
| 3. Ist eine Übersetzung von Partizip und Bezugswort mit deutschen Partizipien möglich? | → neben dem **lesenden** Jungen (Partizip I) | nicht möglich | nicht möglich | → über den **gelesenen** Roman (Partizip II) |
| 4. Ist das Partizip durch Objekte/Adverbialbestimmungen erweitert? Gibt es einen Handlungsträger? | роман – den/einen Roman | роман – den/einen Roman | в библиотеке – in der Bibliothek<br><br>парнем – **von** dem Jungen | в библиотеке – in der Bibliothek<br><br>парнем – **von** dem Jungen |
| 5. Übersetze nun den ganzen Satz<br>a) mit deutschen Partizipien (meist bei Sätzen ohne Erweiterung).<br>b) mit einem Relativsatz (wenn Erweiterung vorhanden). | a) Ich sitze neben dem (einen Roman) **lesenden** Jungen.<br>b) Ich sitze neben dem Jungen, **der** einen Roman **liest.** | a) nicht möglich<br>b) Ich saß neben dem Jungen, **der** einen Roman **las** *(uv.)/* Roman **gelesen hat(te)** *(vo.).* | a) nicht möglich<br>b) Wir sprechen über den Roman, **der** von dem Jungen in der Bibliothek **gelesen wird.** | a) Wir sprachen über den (von dem Jungen in der Bibliothek) **gelesenen** Roman.<br>b) Wir sprachen über den Roman, **der** von dem Jungen in der Bibliothek **gelesen worden war.** |

# Die Adverbialpartizipien

## 1 Formen und Verwendung

| Merkmale | Adverbialpartizip der Gleichzeitigkeit | Adverbialpartizip der Vorzeitigkeit |
|---|---|---|
| 1. Suffix | – чита́**я**<br>– говор**я́**<br>– сме**я́сь**<br>– держ**а́**<br><br>➝ nur **uv.** Verben | – прочита́**в**<br>– встре́ти**вшись**<br>– помо́г**ши**<br><br>➝ nur **vo.** Verben |
| 2. Verlauf der Nebenhandlung: | **gleichzeitig mit** der Haupthandlung (Prädikat) | Abschluss **vor** der Haupthandlung |
| 3. In gesprochener Sprache Umschreibung durch: | – … и …<br>– Когда́ … *(uv.)*<br>– …, потому́ что … | – По́сле того́, как …<br>– По́сле + *Gen.*<br>– … и пото́м … |

**Adverbialpartizipien**
– sind unveränderlich
– werden nur in der Schriftsprache gebraucht

## 2 Übersetzung (Tipps für das Vorgehen)

| | Adverbialpartizip der Gleichzeitigkeit | Adverbialpartizip der Vorzeitigkeit |
|---|---|---|
| Beispiel | И́ра е́хала домо́й, слу́шая но́вую пе́сню. | Послу́шав пе́сню, И́ра начала́ чита́ть. |
| 1. Finde die Haupthandlung und übersetze sie. | И́ра е́хала домо́й<br>➝ Ira fuhr nach Hause | И́ра начала́ чита́ть<br>➝ Ira begann zu lesen |
| 2. Bestimme das Adverbialpartizip (Suffix!). | слу́шая ➝ -**я**<br>➝ Gleichzeitigkeit | послу́шав ➝ -**в**<br>➝ Vorzeitigkeit |
| 3. Übersetze die Nebenhandlung. Beachte: Das **Subjekt** ist dasselbe wie im Hauptsatz. | … слу́шая но́вую пе́сню.<br>➝ **Ira** hörte das neue Lied | Послу́шав пе́сню, …<br>➝ Nachdem **Ira** das Lied (an)gehört hatte |
| 4. Mögliche Übersetzungen des Adverbialpartizips: | und / während / beim | nachdem / nach / und dann |
| 5. Achte beim Übersetzen darauf, dass die Nebenhandlung | ➝ **gleichzeitig** mit der Haupthandlung verläuft: | ➝ der Haupthandlung **vorausgegangen** ist: |
| 6. Übersetze den ganzen Satz. | Ira fuhr nach Hause **und** hörte das neue Lied.<br>(**Während** Ira nach Hause fuhr, hörte sie das neue Lied. / **Auf der Heimfahrt** hörte Ira das neue Lied.) | **Nachdem** Ira das Lied (an)gehört hatte, begann sie zu lesen.<br>(**Nach dem Anhören** des Liedes begann Ira zu lesen. / Ira hörte das Lied an **und** begann **dann** zu lesen). |

# Die Deklination der Substantive im Singular und Plural

| | I. Deklination | | | | | II. Deklination | | | III. Deklination |
|---|---|---|---|---|---|---|---|---|---|
| | maskulin | | neutral | | | feminin | | | feminin |
| | hart | weich | hart | weich | | hart | weich | | weich |
| | auf Konsonant | auf -ь, -й | auf -o | auf -e | auf -ие | auf -a | auf -я | auf -ия | auf -ь |
| **Singular** | | | | | | | | | |
| Nom. | магазин | музей | слово | море | здание | газета | неделя | фотография | площадь |
| Gen. | магазина | музея | слова | моря | здания | газеты | недели | фотографии | площади |
| Dat. | магазину | музею | слову | морю | зданию | газете | неделе | фотографии | площади |
| Akk. | магазин[1] | музей[1] | слово | море | здание | газету | неделю | фотографию | площадь |
| Instr. | магазином | музеем | словом | морем | зданием | газетой | неделей | фотографией | площадью |
| Präp. | (о) магазине | (о) музее | (о) слове | (о) море | (о) здании | (о) газете | (о) неделе | (о) фотографии | (о) площади |
| **Plural** | | | | | | | | | |
| Nom. | магазины | музеи | слова | моря | здания | газеты | недели | фотографии | площади |
| Gen. | магазинов | музеев | слов | морей | зданий | газет | недель | фотографий | площадей |
| Dat. | магазинам | музеям | словам | морям | зданиям | газетам | неделям | фотографиям | площадям |
| Akk. | магазины[1] | музеи[1] | слова | моря | здания | газеты | недели[1] | фотографии[1] | площади[1] |
| Instr. | магазинами | музеями | словами | морями | зданиями | газетами | неделями | фотографиями | площадями |
| Präp. | (о) магазинах | (о) музеях | (о) словах | (о) морях | (о) зданиях | (о) газетах | (о) неделях | (о) фотографиях | (о) площадях |

[1] Belebt: Akk. = Gen.

**Besonderheiten der Bildung des Genitivs Plural**

| | maskulin | | neutral | feminin |
|---|---|---|---|---|
| | nach Zischlaut | nach -й | -o-/-e-Einschub | -o-/-e-Einschub |
| Nom. Sg. | карандаш | музей | окно, письмо | открытка |
| Gen. Pl. | карандашей | музеев | окон, писем | открыток |

Nach **Zischlaut** schreibe **и, у, а** und immer **и** nach **г, к, х**!

Nach **Zischlaut** oder **ц** statt unbetontem **o** sag **e**!

## Die Deklination der Adjektive

| | Singular | | | | | |
|---|---|---|---|---|---|---|
| | maskulin | | neutral | | feminin | |
| | hart | weich | hart | weich | hart | weich |
| Nom. | но́вый[1] | зи́мний | но́вое | зи́мнее | но́вая | зи́мняя |
| Gen. | но́вого | зи́мнего | но́вого | зи́мнего | но́вой | зи́мней |
| Dat. | но́вому | зи́мнему | но́вому | зи́мнему | но́вой | зи́мней |
| Akk. | Nom./Gen.[2] | Nom./Gen.[2] | но́вое | зи́мнее | но́вую | зи́мнюю |
| Instr. | но́вым[1] | зи́мним | но́вым[1] | зи́мним | но́вой | зи́мней |
| Präp. | (о) но́вом | (о) зи́мнем | (о) но́вом | (о) зи́мнем | (о) но́вой | (о) зи́мней |
| | Plural | | | | | |
| Nom. | но́вые[1] | зи́мние | но́вые[1] | зи́мние | но́вые[1] | зи́мние |
| Gen. | но́вых[1] | зи́мних | но́вых[1] | зи́мних | но́вых[1] | зи́мних |
| Dat. | но́вым[1] | зи́мним | но́вым[1] | зи́мним | но́вым[1] | зи́мним |
| Akk. | Nom./Gen.[2] | Nom./Gen.[2] | Nom./Gen.[2] | Nom./Gen.[2] | Nom./Gen.[2] | Nom./Gen.[2] |
| Instr. | но́выми[1] | зи́мними | но́выми[1] | зи́мними | но́выми[1] | зи́мними |
| Präp. | (о) но́вых[1] | (о) зи́мних | (о) но́вых[1] | (о) зи́мних | (о) но́вых[1] | (о) зи́мних |

[1]  Nach г, к, х und Zischlauten steht -и (statt -ы).
[2]  Nom. vor unbelebten, Gen. vor belebten Substantiven.

## Die Präpositionen (nach Kasus geordnet)

| | Präposition | | Beispiel |
|---|---|---|---|
| Gen. | без | ohne (Sache, Person) | Я пью чай **без** са́хара. Он живёт **без** роди́тел**ей**. |
| | во вре́мя | während (Zeit) | **Во вре́мя** кани́кул я был у ба́бушки. |
| | для | für (Sache, Person) | Э́то пода́рок **для** ма́мы. Э́то по́лка **для** книг. |
| | до | bis (Ort, Zeit) | Как дойти́ **до** вокза́ла? **До** у́жина я чита́л кни́гу. |
| | из | aus (Ort) | Я **из** Берли́на. |
| | кро́ме | außer (Sache, Person) | **Кро́ме тебя́** я здесь никого́ не зна́ю. |
| | напро́тив | gegenüber (Ort) | Музе́й нахо́дится **напро́тив** по́чт**ы**. |
| | о́коло | neben, bei (Ort) | Моя́ ко́мната нахо́дится **о́коло** ку́хн**и**. |
| | от | von (Person, Ort, Zeit) | Э́то письмо́ **от** Ко́л**и**. Стол стои́т спра́ва **от** окна́. |
| | по́сле | nach (Zeit) | **По́сле** шко́лы я отдыха́ю. |
| | про́тив | gegen (Vorhaben, Ziel) | Я **про́тив** экску́рсии. |
| | с | von, ab, seit (Ort, Zeit) | По́езд отправля́ется **с** 1-го пути́. Я уже́ жду **с** утра́. |
| | у | bei (Ort), haben | Я **у** Ми́ш**и**. **У** Ли́з**ы** есть брат. |
| Dat. | к | zu (Richtung, Zeit) | Я иду́ **к** врачу́. **К** у́жину ма́ма гото́вит пюре́. |
| | по | in (Fach), durch (Ort) | Э́то контро́льная **по** фи́зике? Мы гуля́ем **по** па́рку. |
| | | ...tags (Zeit) | **По** суббо́т**ам** и воскресе́нь**ям** мы обы́чно на да́че. |
| | | nach, gemäß (Art) | По́езд из Берли́на прибу́дет **по** расписа́нию. |
| Akk. | в | in, nach, am | Я иду́ **в** кино́. Я лечу́ **в** Ри́гу. **В** сре́ду пра́здник. |
| | за | für (Gegenwert, Ziel) | Я купи́л э́ту кни́гу **за** 20 рубле́й. Я **за** э́тот план. |
| | на | auf, in, zu (Richtung) | Я смотрю́ **на** го́стя. Я иду́ **на** конце́рт/**на** по́чту. |
| | | um (Differenz) | По́езд опа́здывает **на** 20 мину́т. |
| | | für (Zeit) | Он уе́хал в Москву́ **на** неде́лю. |
| | по | je, jeweils | Я ка́ждый день игра́ю на скри́пке **по** два часа́. |

| Akk. | **че́рез** | über, durch *(Richtung)* nach, in *(Zeit)* | Мы идём **че́рез** у́лицу/**че́рез** весь го́род. Я получи́л письмо́ **че́рез** ме́сяц. **Че́рез** час го́сти бу́дут здесь. |
|------|-----------|---------------------------------------------|--------------------------------------------------------------------------------------------|
| Instr. | **за** <br><br>**ме́жду** <br>**над** <br>**пе́ред** <br>**под** <br>**ря́дом с** <br>**с** | hinter, am *(Ort)* <br>bei <br>zwischen *(Ort, Zeit)* <br>über *(Ort)*, am *(Inhalt)* <br>vor *(Ort, Zeit)* <br>unter *(Ort)* <br>neben *(Ort)* <br>mit *(gemeinsam)* | Ко́шка лежи́т **за** кре́слом. Я сижу́ **за** столо́м. **За** у́жином мы мно́го разгова́риваем. В кино́ я сижу́ **ме́жду** бра́том и сестро́й. Ла́мпа виси́т **над** столо́м. Я рабо́таю **над** статьёй. **Пе́ред** до́мом сад. Мы встреча́емся **пе́ред** уро́ком. Су́мка лежи́т **под** столо́м. **Ря́дом с** ку́хней нахо́дится столо́вая. Я говорю́ **с** учи́телем. |
| Präp. | **в** <br>**на** <br>**при** <br>**о** | in, im *(Ort, Zeit)* <br>auf, in, im *(Ort)* <br>unter, zur Zeit von <br>über, von *(Inhalt)* | Я живу́ **в** го́роде. **В** ма́е экску́рсия. Журна́л лежи́т **на** столе́. Я живу́ **на** э́той у́лице. Он жил при Петре́ Пе́рвом. Мы говори́м **о** Москве́. |

## Satzverknüpfungen und Konjunktionen   §§ 5, 8, 12

| Konjunktion | deutsch | Beispiel |
|-------------|---------|----------|
| **а** | und; aber | Он лю́бит рок, а она́ поп-му́зыку. |
| **е́сли … , (то)** | wenn … , (dann) | Е́сли ты хо́чешь, (то) я могу́ пойти́ с тобо́й. |
| **и** | und; auch | Купи́ ко́фе и сок. Конце́рт бу́дет и у нас в го́роде. |
| **и … , и** | sowohl … als auch | И Пе́тя, и Ма́ша бы́ли уже́ на э́том фи́льме. |
| **и́ли** | oder | Мы идём на дискоте́ку и́ли в кино́? |
| **и́ли … , и́ли** | entweder … oder | Реша́й, и́ли ты пи́шешь рефера́т, и́ли де́лаешь презента́цию. |
| **когда́** | wenn, als | Когда́ ты придёшь, я сде́лаю у́жин. |
| **ни … , ни** | weder … noch | Они́ не уме́ют ни писа́ть, ни чита́ть по-ру́сски. |
| **но** | aber; sondern | Са́ша хоте́л купи́ть биле́т, но у него́ не́ было де́нег. |
| **не то́лько … , но и** | nicht nur … , sondern auch | Я говорю́ не то́лько по-ру́сски, но и по-туре́цки. |
| **по́сле э́того** | danach | Снача́ла мы посети́ли вы́ставку. По́сле э́того мы пошли́ в кафе́. |
| **по́сле того́, как** | nachdem | По́сле того́, как мы посети́ли вы́ставку, мы пошли́ в кафе́. |
| **потому́ что** | da, weil | У меня́ бы́ли интере́сные кани́кулы, потому́ что я отдыха́л с друзья́ми в ла́гере. |
| **поэ́тому** | deshalb, deswegen | Я не люблю́ писа́ть, поэ́тому я всегда́ звоню́. |
| **хотя́** | obwohl | Я включи́л(а) свет, хотя́ бы́ло светло́. |
| **чем** | als *(Vergleich)* | Виногра́д доро́же, чем я́блоки. |
| **что́бы** *(+ Inf.)* | um zu | Он уча́ствует в а́кции, что́бы помо́чь живо́тным. |
| **что́бы** *(+ Prät.)* | damit; dass | Роди́тели купи́ли мне моби́льник, что́бы я им звони́л во вре́мя кани́кул. Он хо́чет, что́бы А́нна пришла́. |

# Ausgewählte Verben mit anderem Kasus als im Deutschen

|  | Verb | | Beispiel |
|---|---|---|---|
| Gen. | жела́ть **чего́**<br>боле́ть (боли́т) **у кого́**<br><br>боя́ться/побоя́ться **чего́** | etw. wünschen<br>jdm. weh tun, schmerzen<br>Angst haben vor etw. | Я жела́ю тебе́ здоро́вья и успе́ха.<br>**У** ма́льчик**а** боли́т ног**а́**.<br><br>Она́ бои́тся экза́мена по фи́зике. |
| Dat. | звони́ть/позвони́ть **кому́**<br>гото́виться/<br>подгото́виться **к чему́** | jdn. anrufen<br>sich auf etw. vorbereiten | Я звоню́ ма́м**е** и па́п**е**.<br>Мы гото́вимся **к** контро́льн**ой** рабо́т**е**. |
| Akk. | ждать **кого́**<br>поздравля́ть **кого́ с чем**<br>игра́ть **во что**<br>ве́рить/пове́рить **в кого́**/ **во что**<br>вспомина́ть/вспо́мнить **кого́/что**<br>прибыва́ть/прибы́ть **куда́** | auf jdn. warten<br>jdm. zu etw. gratulieren<br>etw. spielen<br>an jdn./etw. glauben<br><br>sich an jdn./ etw. erin-<br>nern, zurückdenken<br>irgendwo ankommen | Учени́к ждёт учи́тельниц**у**.<br>Па́па поздравля́ет сы́н**а с** успе́х**ом**.<br>Де́вушки игра́ют **в** баскетбо́л.<br>Я ве́рю **в** теб**я́**. Мы ве́рим **в** побе́д**у** свое́й шко́лы.<br>Я ча́сто вспомина́ю на́ш**у** пое́здк**у**.<br><br>Наш по́езд прибыва́ет в Москв**у́**. |
| Instr. | быть **кем**<br>занима́ться **чем**<br><br>интересова́ться **чем**<br><br>знако́миться/<br>познако́миться **с кем**<br>по́льзоваться **чем**<br>рабо́тать **кем**<br>рабо́тать **над чем**<br>смея́ться **над кем**<br>станови́ться/стать **кем**/ **чем**<br>счита́ть **кого́/что кем/чем**<br>увлека́ться/увле́чься **чем** | etw. sein<br>sich mit etw. beschäftigen<br>sich für etw. interessieren<br>jdn. kennenlernen<br><br>etw. (be)nutzen<br>arbeiten als<br>an etw. arbeiten<br>jdn. auslachen<br>etw. werden<br><br>jdn. für etw. halten<br>sich für etw. begeistern | Мой де́душка был журнали́ст**ом**.<br>Они́ занима́ются литерату́р**ой**.<br><br>Он осо́бенно интересу́ется спо́рт**ом**.<br>Она́ знако́мится **с** гост**я́ми**.<br><br>Он по́льзуется калькуля́тор**ом**.<br>Я хочу́ рабо́тать фото́граф**ом**.<br>Писа́тель рабо́тает **над** рома́н**ом**.<br>Она́ смеётся **над ним**.<br>Он хо́чет стать пило́т**ом**. Но́чи ста́ли холо́дн**ыми**.<br>Я счита́ю **его́** хоро́шим учи́тел**ем**.<br>Все в кла́ссе увлека́ются футбо́л**ом**. |
| Präp. | ду́мать/поду́мать **о ком/ чём**<br>е́здить; е́хать **на чём**<br><br>забо́титься/позабо́титься **о ком/чём**<br>забыва́ть/забы́ть **о ком/ чём**<br>игра́ть **на чём**<br><br>ката́ться **на чём**<br>лета́ть; лете́ть **на чём**<br><br>мечта́ть **о ком/чём**<br>спра́шивать/спроси́ть **о ком/чём**<br>уча́ствовать **в чём** | an jdn./etw. denken<br><br>mit etw. fahren<br><br>sich um jdn./etw. kümmern<br>jdn./etw. vergessen<br><br>(ein Instrument) spielen<br>etw. fahren, laufen<br>mit etw. fliegen<br><br>von jdm./etw. träumen<br>nach jdm./etw. fragen<br><br>an etw. teilnehmen | Я ча́сто ду́маю **о** Та́н**е** и **о** Москв**е́**.<br>Мы е́дем **на** авто́бус**е** в центр го́рода.<br>Он забо́тится **о** больн**ы́х** живо́тн**ых**.<br>Я уже́ совсе́м забы́л **об** э́т**ом**.<br><br>Моя́ сестра́ игра́ет **на** гита́р**е**.<br><br>Она́ лю́бит ката́ться **на** конька́х.<br>Ученики́ летя́т в Берли́н **на** самолёт**е**.<br>Она́ мечта́ет **о** пое́здк**е** в Росси́ю.<br>Он спра́шивает **о** биле́т**е** в теа́тр.<br><br>Я уча́ствую **в** ко́нкурс**е** по литерату́р**е**. |

# Häufig auftretende Verben

Wenn ihr ein gesuchtes Verb in der Liste nicht findet,
– ersetzt die Vorsilbe (закрыть ➡ открыть, перевести ➡ провести)
– oder lasst die Vorsilbe bzw. die Reflexivendung weg (убрать ➡ брать, начаться ➡ начать).

| Infinitiv und Konjugation (я, ты, они) | Präteritum | Imperativ | deutsch |
|---|---|---|---|
| **боя́ться** (uv.), боюсь, бойшься, боятся | боялся, -лась, -лось, -лись | бо́йся | Angst haben |
| **брать** (uv.), беру́, берёшь, беру́т | брал, -а́, -о, -и | бери | nehmen |
| **быть** (uv.), 1. nur 3. Pers. Sg.: есть 2. бу́ду, бу́дешь, бу́дут | был, -а́, -о, -и | будь | 1. sein 2. werden |
| **взять** (vo.), возьму́, возьмёшь, возьму́т | взял, -а́, -о, -и | возьми | nehmen |
| **встава́ть** (uv.), встаю, встаёшь, встаю́т | встава́л, -а, -о, -и | встава́й | aufstehen |
| **встре́тить** (vo.), встре́чу, встре́тишь, встре́тят | встре́тил, -а, -о, -и | встреть | treffen |
| **вы́бросить** (vo.), вы́брошу, вы́бросишь, вы́бросят | вы́бросил, -а, -о, -и | вы́броси | hinauswerfen, wegwerfen |
| **вы́глядеть** (uv.), вы́гляжу, вы́глядишь, вы́глядят | вы́глядел, -а, -о, -и | ungebr. | aussehen |
| **дава́ть** (uv.), даю, даёшь, даю́т | дава́л, -а, -о, -и | дава́й | geben |
| **дать** (vo.), дам, дашь, даст, дади́м, дади́те, даду́т | дал, -а́, да́ло, да́ли | дай | geben |
| **держа́ть** (uv.), держу́, де́ржишь, де́ржат | держа́л, -а, -о, -и | держи́ | halten |
| **заказа́ть** (vo.), закажу́, зака́жешь, зака́жут | заказа́л, -а, -о, -и | закажи | bestellen |
| **есть** (uv.), ем, ешь, ест, еди́м, еди́те, едя́т | ел, -а, -о, -и | ешь | essen |
| **е́хать** (uv.), е́ду, е́дешь, е́дут | е́хал, -а, -о, -и | поезжа́й | fahren |
| **ждать** (uv.), жду́, ждёшь, жду́т | ждал, -а́, -о, -и | жди | warten (auf), erwarten |
| **жить** (uv.), живу́, живёшь, живу́т | жил, -а́, -о, -и | живи́ | wohnen, leben |
| **идти́** (uv.), иду́, идёшь, иду́т | шёл, шла, шло, шли | иди | gehen |
| **иска́ть** (uv.), ищу́, и́щешь, и́щут | иска́л, -а, -о, -и | ищи́ | suchen |
| **купи́ть** (vo.), куплю́, ку́пишь, ку́пят | купи́л, -а, -о, -и | купи | kaufen |
| **лете́ть** (uv.), лечу́, лети́шь, летя́т | лете́л, -а, -о, -и | лети | fliegen |
| **мочь** (uv.), могу́, мо́жешь, мо́гут | мог, могла́, -о́, -и́ | ungebr. | können |
| **наде́ть** (vo.), наде́ну, наде́нешь, наде́нут | наде́л, -а, -о, -и | наде́нь | anziehen |
| **нача́ть** (vo.), начну́, начнёшь, начну́т | на́чал, -а́, -о, -и | начни | anfangen, beginnen |
| **откры́ть** (vo.), откро́ю, откро́ешь, откро́ют | откры́л, -а, -о, -и | откро́й | öffnen; einweihen |
| **отнести́сь** (vo.), отнесу́сь, отнесёшься, отнесу́тся | отнёсся, отнесла́сь, -ло́сь, -ли́сь | отнеси́сь | sich verhalten; Einstellung haben (zu) |
| **петь** (uv.), пою́, поёшь, пою́т | пел, -а, -о, -и | пой | singen |
| **печь** (uv.), пеку́, печёшь, пеку́т | пёк, пекла́, -о́, -и́ | пеки́ | backen |

| Infinitiv und Konjugation (я, ты, они) | Präteritum | Imperativ | deutsch |
|---|---|---|---|
| **пить** *(uv.)*, пью, пьёшь, пьют | пил, -á, -о, -и | пей | trinken |
| **плыть** *(uv.)*, плывý, плывёшь, плывýт | плыл, -á, -о, -и | плыви́ | schwimmen |
| **получи́ть** *(vo.)*, получý, полýчишь, полýчат | получи́л, -а, -о, -и | получи́ | erhalten, bekommen |
| **помóчь** *(vo.)*, помогý, помóжешь, помóгут | помóг, помоглá, -ó, -й | помоги́ | helfen |
| **поня́ть** *(vo.)*, поймý, поймёшь, поймýт | пóнял, -á, -о, -и | пойми́ | verstehen |
| **перевезти́** *(vo.)*, перевезý, перевезёшь, перевезýт | перевёз, перевезлá, -лó, -ли́ | перевези́ | transportieren, bringen |
| **прибы́ть** *(vo.)*, прибýду, прибýдешь, прибýдут | при́был, -á, -о, -и | прибýдь | ankommen |
| **пригласи́ть** *(vo.)*, приглашý, пригласи́шь, приглася́т | пригласи́л, -а, -о, -и | пригласи́ | einladen |
| **прийти́** *(vo.)*, придý, придёшь, придýт | пришёл, -шлá, -шлó, -шли́ | приди́ | (an)kommen |
| **приноси́ть** *(uv.)*, приношý, принóсишь, принóсят | приноси́л, -а, -о, -и | приноси́ | bringen |
| **принести́** *(vo.)*, принесý, принесёшь, принесýт | принёс, -неслá, -ó, -й | принеси́ | bringen |
| **приня́ть** *(vo.)*, примý, при́мешь, при́мут | при́нял, -á, -о, -и | прими́ | (ein)nehmen |
| **присла́ть** *(vo.)*, пришлю́, пришлёшь, пришлю́т | присла́л, -а, -о, -и | пришли́ | schicken, senden |
| **провести́** *(vo.)*, проведý, проведёшь, проведýт | провёл, провелá, -ó, -й | проведи́ | verbringen, durchführen |
| **произойти́** *(vo.)*, *nur 3. Pers.*: произойдёт, произойдýт | произошёл, -шлá, -шлó, -шли́ | – | geschehen, sich abspielen |
| **просну́ться** *(vo.)*, проснýсь, проснёшься, проснýтся | проснýлся, -лась, -лось, -лись | просни́сь | aufwachen |
| **сказа́ть** *(vo.)*, скажý, ска́жешь, ска́жут | сказа́л, -а, -о, -и | скажи́ | sagen |
| **смея́ться** *(uv.)*, смею́сь, смеёшься, смею́тся | смея́лся, смея́лась, -лось, -лись | сме́йся | lachen |
| **стать** *(vo.)*, ста́ну, ста́нешь, ста́нут | стал, -а, -о, -и | стань | werden |
| **стóить** *(uv.)*, *nur 3. Pers.*: стóит, стóят | стóил, -а, -о, -и | – | kosten |
| **стоя́ть** *(uv.)*, стою́, стои́шь, стоя́т | стоя́л, -а, -о, -и | стой | stehen |
| **уби́ть** *(vo.)*, убью́, убьёшь, убью́т | уби́л, -а, -о, -и | убе́й | umbringen |
| **увле́чься** *(vo.)*, увлекýсь, увлечёшься, увлекýтся | увлёкся, увлекла́сь, -лóсь, -ли́сь | увлеки́сь | sich begeistern (für) |
| **узнава́ть** *(uv.)*, узнаю́, узнаёшь, узнаю́т | узнава́л, -а, -о, -и | узнава́й | erfahren; erkennen |
| **умере́ть** *(vo.)*, умрý, умрёшь, умрýт | ýмер, умерла́, -ло, -ли | умри́ | sterben |
| **упа́сть** *(vo.)*, упадý, упадёшь, упадýт | упа́л, -а, -о, -и | упади́ | fallen |
| **ходи́ть** *(uv.)*, хожý, хóдишь, хóдят | ходи́л, -а, -о, -и | ходи́ | gehen |
| **хоте́ть** *(uv.)*, хочý, хóчешь, хóчет, хоти́м, хоти́те, хотя́т | хоте́л, -а, -о, -и | *ungebr.* | wollen |

# Wortbildung

Mit Wortbildungskenntnissen kannst du unbekannte Wörter erschließen und dir Vokabeln leichter einprägen.

Die meisten Wortarten bildest du, indem du
– ein **Suffix** an den Wortstamm anfügst.
– vor den Wortstamm ein **Präfix** setzt.

## Wichtige Suffixe

| Substantiv | Personen/Berufe |
|---|---|
| **-ант** | му́зыка > музыка́нт |
| **-ик** | исто́рия > исто́рик |
| **-ист/-ка** | журна́л > журнали́ст/-ка |
| **-ник/-ница** | учи́ть(ся) > учени́к/учени́ца |
| **-тель/-ница** | учи́ть > учи́тель/учи́тельница |

| Substantiv | Handlungen, Zustände |
|---|---|
| **-ани-(е)** | жела́ть > жела́ние<br>опозда́ть > опозда́ние |
| **-ени-(е)** | поздравля́ть > поздравле́ние |

| Substantiv | Eigenschaften |
|---|---|
| **-ость** | ско́рый > ско́рость *Schnelligkeit*<br>глу́пый > глу́пость *Dummheit* |

| Adjektiv | |
|---|---|
| **-ск-(ий)** | Москва́ > моско́вский *Moskauer*<br>Сиби́рь > сиби́рский *sibirisch* |
| **-н-(ый)**<br>**(ий)** | класс > кла́ссный *Klassen-*<br>ле́то > ле́тний *Sommer-* |

## Wichtige Präfixe

| Substantiv | | |
|---|---|---|
| **пере-** | *Neu-, Um-* | переска́з *Nacherzählung* |
| **со-** | *Mit-* | сотру́дник *Mitarbeiter* |

| Adjektiv | | |
|---|---|---|
| **без-,**<br>**бес-** | *ohne, -los,*<br>*un-* | рабо́та > безрабо́тный,<br>коне́ц > бесконе́чный |
| **не-** | *nicht-, un-* | обы́чный > необы́чный |

| Verb | | |
|---|---|---|
| **в-,**<br>**во-,**<br>**въ-** | *ein-,*<br>*hinein-,*<br>*herein-* | ходи́ть > входи́ть,<br>идти́ > войти́,<br>е́здить > въезжа́ть |
| **вы-** | *hinaus-,*<br>*heraus-* | идти́ > вы́йти,<br>е́хать > вы́ехать |
| **при-** | *an-, hin-,*<br>*herbei-* | идти́ > прийти́,<br>нести́ > принести́ |
| **у-** | *weg-, fort-,*<br>*davon-* | идти́ > уйти́,<br>лете́ть > улете́ть |
| **по-** | *los-* | е́хать > пое́хать |
| **по-** | *ein wenig* | гуля́ть > погуля́ть |

## Wortfamilien

| Wortstamm | | Beispiele |
|---|---|---|
| **дом-** | *Haus-* | дом, до́ма, домо́й, дома́шний, до́мик, домово́й, бездо́мный |
| **-друг-, друж-** | *Freund-* | друг, подру́га, дружи́ть, дру́жба, дру́жеский |
| **жи-** | *leb-, wohn-* | жить, жи́тель/жи́тельница, жизнь, жи́зненный, живо́й |
| **конч-, конец** | *end-* | конча́ть(ся)/ко́нчить(ся), коне́ц, наконе́ц, бесконе́чный |
| **лет-, лёт-** | *Flug, flieg-* | лета́ть, лете́ть, улета́ть/улете́ть, лётчик, самолёт, полёт |
| **-люб-** | *lieb-* | влюбля́ться/влюби́ться, люби́ть, любо́вь, люби́мый,<br>трудолю́бие *Fleiß* |
| **-пис-** | *schreib-* | писа́ть/написа́ть, подпи́сывать/подписа́ть *unterschreiben*,<br>по́дпись, перепи́сываться *korrespondieren*, перепи́ска, письмо́,<br>пи́сьменный, писа́тель/писа́тельница, на́дпись *Aufschrift* |
| **-сказ-** | *sag-* | сказа́ть, ска́зка *Märchen*, расска́зывать/рассказа́ть, расска́з,<br>расска́зчик/расска́зчица, переска́зывать/пересказа́ть |
| **-уч-** | *lehr-* | учени́к/учени́ца, учи́тель/учи́тельница, учи́ть(ся), вы́учить,<br>уче́бник, уче́бный, учёба *Studium*, учёный, изуча́ть/изучи́ть |
| **-ход-** | *geh-* | ходи́ть, входи́ть, выходи́ть, вход, вы́ход, выходно́й, похо́д |

## Die Grundzahlen

| | | | | | | | |
|---|---|---|---|---|---|---|---|
| 1 | оди́н[1] | 13 | трина́дцать | 50 | пятьдеся́т | 400 | четы́реста |
| 2 | два[2] | 14 | четы́рнадцать | 60 | шестьдеся́т | 500 | пятьсо́т |
| 3 | три | 15 | пятна́дцать | 70 | се́мьдесят | 600 | шестьсо́т |
| 4 | четы́ре | 16 | шестна́дцать | 80 | во́семьдесят | 700 | семьсо́т |
| 5 | пять | 17 | семна́дцать | 90 | девяно́сто | 800 | восемьсо́т |
| 6 | шесть | 18 | восемна́дцать | 100 | сто | 900 | девятьсо́т |
| 7 | семь | 19 | девятна́дцать | 101 | сто оди́н[1] | 1 000 | (одна́) ты́сяча |
| 8 | во́семь | 20 | два́дцать | 110 | сто де́сять | 1 000 000 | (оди́н) миллио́н |
| 9 | де́вять | 21 | два́дцать оди́н[1] | 199 | сто девяно́сто де́вять | 2 502 224 | два миллио́на пятьсо́т две ты́сячи две́сти два́дцать четы́ре |
| 10 | де́сять | 22 | два́дцать два[2] | 200 | две́сти | | |
| 11 | оди́ннадцать | 30 | три́дцать | 300 | три́ста | | |
| 12 | двена́дцать | 40 | со́рок | | | | |

[1] Je nach Genus des Bezugsworts gebrauche **оди́н** (теа́тр), **одно́** (я́блоко), **одна́** (буты́лка).
[2] Vor Maskulina und Neutra **два**, vor Feminina **две**.

| Die Rektion der Grundzahlen | | |
|---|---|---|
| **1 + Nom. Sg.** | **2, 3, 4 + Gen. Sg.** | **5–20 + Gen. Pl.** |
| оди́н учени́к | два ученика́ | пять ученико́в |
| одно́ сло́во | два сло́ва | де́сять слов |
| одна́ газе́та | две газе́ты | сто газе́т |

> Bei zusammengesetzten Zahlwörtern ab 21 richten sich Numerus und Kasus des Substantivs nach dem **letzten Wort**, z. B. 191 кни́га.

## Die Ordnungszahlen

| | | | | | |
|---|---|---|---|---|---|
| 1. | пе́рвый[1] | 12. | двена́дцатый | 23. | два́дцать тре́тий[2] |
| 2. | второ́й | 13. | трина́дцатый | 30. | тридца́тый |
| 3. | тре́тий[2] | 14. | четы́рнадцатый | 31. | три́дцать пе́рвый |
| 4. | четвёртый | 15. | пятна́дцатый | 40. | сороково́й |
| 5. | пя́тый | 16. | шестна́дцатый | 50. | пятидеся́тый |
| 6. | шесто́й | 17. | семна́дцатый | 60. | шестидеся́тый |
| 7. | седьмо́й | 18. | восемна́дцатый | 70. | семидеся́тый |
| 8. | восьмо́й | 19. | девятна́дцатый | 80. | восьмидеся́тый |
| 9. | девя́тый | 20. | двадца́тый | 90. | девяно́стый |
| 10. | деся́тый | 21. | два́дцать пе́рвый | 100. | со́тый |
| 11. | оди́ннадцатый | 22. | два́дцать второ́й | 2 000. | двухты́сячный |

[1] Endungen wie bei Adjektiven **-ый** (betont **-о́й**), **-ое**, **-ая**, -ые.
[2] Beachte die Sonderformen тре́т**ий**, тре́т**ье**, тре́т**ья**, тре́тьи.

## Урок 1

**1** **а)** Каждый год ученики из Дуйсбурга и из Новосибирска ездят друг к другу.   **б)** Ойген и Таня всегда живут друг у друга.   **в)** Они дружат друг с другом.   **г)** Они успешно и с большим интересом изучают языки, чтобы ещё лучше понимать друг друга.   **д)** Ойген и Таня часто рассказывают одноклассникам друг о друге.   **е)** Они часто пишут друг другу.

**2** **а)** Vanessa war mit ihrer (Subjekt = Besitzer) Klasse in Moskau. Ihre (S ≠ B) Klasse war dort zum ersten Mal zum Austausch.   **б)** Die Jugendlichen wohnten bei ihren (S = B) russischen Freunden. Ihre (S ≠ B) neuen Familien kümmerten sich sehr um sie.   **в)** Die Gäste lernten die Stadt und ihre (S ≠ B) Sehenswürdigkeiten kennen. Die Schüler aus Moskau haben ihnen ihre (S = B) Schule und ihre (S = B) AGs gezeigt.

**3** **а)** своей/её   **б)** своим/её/её   **в)** его/их/свой/своему

**4** **а)** ни для кого – für niemanden / ни к кому – zu niemandem / ни с кем – mit niemandem / ни о ком – über niemanden / ни от кого – von niemandem / ни у кого – bei niemandem / niemand hat / ни против кого – gegen niemanden
   **б)** ни для чего – für nichts / ни к чему – zu nichts / ни о чём – über nichts / ни за что – für nichts / ни из чего – aus nichts

**5** **а)** Нет, мы ни от кого не узнали об этом.   **б)** Нет, мы ничего не знаем. (мы никаких новостей не знаем.)   **в)** Нет, мы ни с кем не говорили.   **г)** Нет, они ни в каком обмене не участвовали.   **д)** Нет, он ни у кого не был в гостях.   **е)** Он ничего не рассказал.

**6** **а)** Erzählt von euch/über euch.   **б)** Schreibt über euch/von euch.
   **в)** Stellt euch vor, dass ihr einen Preis bekommen habt.   **г)** Bringt Familienfotos mit.

**7** **а)** к себе   **б)** себя   **в)** себе   **г)** с собой

## Урок 2

**1** **а)** В семье Наташи есть три телевизора, чтобы папа, бабушка и внук могли смотреть разные телепрограммы.   **б)** Бабушка утром включила телевизор, чтобы посмотреть передачу «Доброе утро».   **в)** Сергей ищет Антона, чтобы они вместе посмотрели футбол.   **г)** Я звонил/а другу/подруге, чтобы мы встретились и сделали уроки.
   **д)** Я так громко говорю, чтобы все меня поняли.   **е)** Я занимаюсь русским языком, чтобы познакомиться с русскими ребятами.

**2** **а)** Кристина хочет, чтобы Наташа посмотрела с ней этот фильм.   **б)** Кристина попросила Наташу, чтобы она купила два билета в кино.   **в)** Кристина надеется, что фильм Наташе понравится.   **г)** Кристина рада, что её одноклассники тоже хотят посмотреть этот фильм.   **д)** Очень приятно, что её лучшая подруга пришла.   **е)** Учительница желает, чтобы они/ребята рассказали ей о фильме.

**3** **а)** быстр   **б)** умён   **в)** бо́лен   **г)** высо́к   **д)** глубо́к   **е)** замеча́телен   **ж)** изве́стен
   **з)** интере́сен   **и)** ко́роток   **к)** дли́нен   **л)** ве́сел   **м)** непоня́тен   **н)** ни́зок   **о)** популя́рен
   **п)** ужа́сен

**4** **а)** Peterhof ist [eigentlich immer] sehr schön. – Im Sommer ist Peterhof besonders schön [speziell in dieser Zeit].   **б)** Der Junge ist fröhlich [ein fröhliches Kind]. – Der Junge ist [jetzt, gerade] fröhlich.   **в)** Seine Schwester ist immer ehrlich. [Sie hat einen ehrlichen Charakter]. – Aber gestern war sie nicht ehrlich zu mir [nur für eine bestimmte Zeit nicht].   **г)** Er war immer sehr einsam. – Aber seitdem er allein lebt, ist er besonders einsam.

**5** **а)** Не покупай это платье/его. Оно тебе велико́.   **б)** Не покупай эти туфли/их. Они тебе малы́.   **в)** Не покупай это пальто/его. Оно тебе ко́ротко.   **г)** Не покупай этот свитер/его. Он тебе дли́нен.

**6** (1) интересная/интересна (kein Bedeutungsunterschied)   (2) согласны (keine Langform als Prädikat)   (3) классно (nach это)   (4) хорошая (Attribut)   (5) права (keine Langform als Prädikat)   (6) замечательный (Attribut)   (7) похожа (Prädikat mit abhängigem Satzglied)   (8) прав (keine Langform als Prädikat)

## Урок 3

**1** **a)** Раньше Таня была ученицей. Теперь она работает курьером. Она хочет стать гидом.
  **б)** (Её) Друг был учеником. Теперь он работает таксистом. Он хочет стать журналистом.
  **в)** (Её) Подруга была студенткой. Теперь она работает продавщицей.
    Она хочет стать актрисой.
  **г)** Витя был учеником. Теперь он работает гитаристом. Он хочет стать юристом.

**2** **a)** 1. Светлана учится в десятом классе и увлекается языками.   2. Ученица говорит не только по-английски, но и по-немецки.   3. Светлана хочет стать хорошей учительницей и хорошим психологом.   4. Светлана хочет работать в гимназии, а не в лицее.
  **б)** 1. Swetlana ist in der 10. Klasse und begeistert sich für Fremdsprawchen.   2. Die Schülerin spricht nicht nur Englisch, sondern auch Deutsch.   3. Swetlana will eine gute Lehrerin und eine gute Psychologin werden.   4. Swetlana will an einem Gymnasium arbeiten und nicht an einem Lyzeum.

**3** **a)** умнее   **б)** скучнее   **в)** теплее   **г)** темнее   **д)** короче   **е)** моложе   **ж)** проще
  **з)** выше   **и)** дешевле   **к)** громче

**4** **a)** 1. Komm so früh wie möglich (möglichst früh).   2. Mach alles so gut wie möglich (möglichst gut).   3. Schreib so sauber wie möglich (möglichst sauber).
  **б)** 1. Катя на пять сантиметров выше Бориса.   2. Борис на три года старше Игоря.
    3. Игорь немного ниже Кати.

**5** **a)** Говори, пожалуйста, (немного) медленнее.   **б)** Коля, приходи, пожалуйста, раньше.
  **в)** Сашенька, иди, пожалуйста, быстрее. (Нам нельзя опаздывать.)

**6** **a)** Яна музыкальнее Нины.   **б)** Лара выше Маши.   **в)** Толя веселее Жени.
  **г)** Гриша самостоятельнее Максима.

**7** Ты прав(а),   **a)** это платье действительно красивее всех.   **б)** эта юбка дороже всех.
  **в)** это умнее всего.   **г)** эти джинсы новее всех.   **д)** это важнее всего в жизни.

**8** 1. Кто в классе моложе всех?   2. … выше всех?   3. … спортивнее всех?   4. … веселее всех?
  5. Кто говорит по-русски свободнее всех?   6. Кто поёт красивее всех?   7. Какой предмет для тебя интереснее всех?   8. … труднее всех?   9. Что для тебя в школе важнее всего?

## Урок 4

**1** Ich würde so gern mein Lieblingskleid anziehen. Darin würde ich Peter sehr gefallen.
  Ich würde ihm sagen, dass ich furchtbar traurig bin und mir langweilig ist. Vielleicht würde er dann den ganzen Abend mit mir tanzen. Ach, das wäre so wunderbar (wunderschön)!

**2** **a)** Юлия каждый вечер ходила бы в театр.   **б)** Аня и Ян познакомились бы с историческими местами Петербурга.   **в)** Тим погулял бы по Невскому проспекту.
  **г)** Все сняли бы Зимний дворец и другие достопримечательности.   **д)** Лена встретилась бы со своим русским другом.   **е)** Лукас пошёл бы на дискотеку.

**3** a) *Lösungsvorschlag:* Если бы у меня было много свободного времени,
1. … я часто ходил(а) бы в театр.   2. … я больше ездил(а)/катался (каталась) бы на велосипеде.   3. … я каждый день играл(а) бы на компьютере.   4. … я много читал(а) бы по-русски.   5. … я слушал(а) бы музыку.   6. … я играл(а) бы на гитаре.
7. … я чаще ходил(а) бы плавать.   8. … я учил(а) бы иностранные языки.

б) *Lösungsvorschlag:* 1. Если бы шёл снег, мы играли бы в снежки.   2. Если бы светило солнце, мы пошли бы в поход.   3. Если бы не было дождя, мы гуляли бы (по парку).
4. Если бы было (очень) тепло, мы купались бы (в озере).

**4** a) Это был кто-то/какой-то большевик из Петербурга, (но я не знаю, как его зовут).
б) У неё было какое-то немецкое имя, (но я забыл(а) какое).   в) Какой-то русский первым полетел в космос, (но я забыл(а), как его зовут).   г) О Горбачёве нам рассказывали что-то, (но я больше не знаю что).

**5** a) Дай мне какие-нибудь статьи о русской истории.   б) Принеси мне какую-нибудь книгу об эпохе Сталина.   в) Купи мне какую-нибудь историческую карту России.   г) Покажи мне какие-нибудь фотографии Янтарной комнаты.

**6** a) кто-нибудь/кто-то/какая-то   б) каком-то/каком-нибудь   в) кого-нибудь/что-нибудь/что-то/кем-нибудь

**7** a) – Fährst du in den Ferien irgendwohin (weg, gleichgültig wohin)?
– Ja, nach Russland. Aber wohin (genau), das haben wir noch nicht entschieden.
б) – Warst du irgendwann einmal (gleichgültig wann) im Historischen Museum?
– Ja, vor vielen Jahren. Hier irgendwo (wo genau, weiß ich nicht mehr) war eine interessante Ausstellung über die Geschichte der Russlanddeutschen.
– Gibt es hier irgendwo (gleichgültig wo) eine Buchhandlung?
– Ich weiß es nicht. Frag jemanden (egal wen) von den Mitarbeitern des Museums.

**8** a) рано   б) год назад   в) завтра   г) после каникул   д) вечером   е) после войны
ж) ночью   з) через месяц   и) зимой   к) в прошлом году

**9** Это было/будет   a) в две тысячи десятом году / в две тысячи одиннадцатом году / в две тысячи пятнадцатом году / в две тысячи двадцатом году   б) в мае две тысячи пятого года / в мае две тысячи десятого года / в мае две тысячи двенадцатого года / в мае две тысячи четырнадцатого года   в) зимой две тысячи восьмого года / летом две тысячи восемнадцатого года   г) первого мая две тысячи третьего года / четырнадцатого февраля две тысячи шестого года / восьмого марта две тысячи шестнадцатого года
д) во вторник / в среду / в воскресенье   е) по вторникам / по средам / по воскресеньям
ж) утром / днём / вечером / ночью   з) в восемь часов / в шестнадцать часов / в двадцать часов / в двадцать один час / в двадцать два часа / в двадцать четыре часа   и) (один) час назад / две недели назад / четыре месяца назад / десять лет назад   к) через два часа / через неделю / через шесть месяцев / через три года   л) на прошлой/следующей неделе
м) в прошлом / следующем месяце

**10** a) 1. Geöffnet   2. Geschlossen   3. Die Bibliothek ist von 9–22 Uhr geöffnet.
4. Der Tisch ist bestellt.   5. Erbaut 1888   6. Alle Karten sind ausverkauft
б) 1. Neuer Präsident gewählt   2. Viele Menschen im Irak getötet
3. Häuser in Italien zerstört   4. Kinofestival in Moskau eröffnet

## Урок 5

**1** **a)** Über die Probleme arbeitender Frauen **б)** Gespräch mit einem jungen Mann, der davon träumt, Präsident zu werden **в)** Tanzende Kinder **г)** Eine Maschine, die sprechen kann **д)** Zu Besuch bei Jugendlichen, die in Sibirien leben

**2** **a)** 1. приехавшим – Den Schülern, die nach Russland gefahren (gekommen) sind, hat es dort gefallen. 2. интересовавшиеся – Die Jugendlichen, die sich für das Land und die Menschen interessierten, wohnten in russischen Familien. 3. учившимися – Sie waren mit den Schülern befreundet, die mit ihnen in einer Klasse waren. 4. участвовавшие – Die Jugendlichen, die am Schüleraustausch teilgenommen haben, haben viel Neues erfahren.

**б)** 1. Ученикам, которые приехали в Россию, там понравилось.

2. Ребята, которые интересовались страной и людьми, жили в русских семьях.

3. Они дружили с учениками, которые учились с ними в классе.

4. Ребята, которые участвовали в обмене, узнали много нового.

**3** **a)** Junge Musiker protestierten gegen die Politik, die von der Regierung der UdSSR durchgeführt wurde. **б)** In den Filmen, die vom Regisseur Sergej Solowjow gemacht (aufgenommen) werden, gibt es viel moderne Musik. **в)** Wir schauen ein Interview mit dem vom Publikum heiß geliebten Juri Schewtschuk von der Gruppe „DDT" an. **г)** Die Musikinstrumente, die von der Gruppe „Aquarium" verwendet werden, sind sehr ungewöhnlich. **д)** Beim Festival „Naschestwie", das jedes Jahr organisiert wird, treten viele neue Gruppen auf.

**4** **a)** 1. Stadt an der Newa, die von einem russischen Zaren gegründet wurde. 2. Festung, die nach einem Plan dieses Zaren erbaut wurde. 3. Ein Aufstand, der 1917 in Petersburg von den Bolschewiki organisiert wurde. 4. Berühmtes Museum, das zunächst eine Sammlung von Bildern war, welche Katharina II. gekauft hatte. 5. Der Hauptplatz von Petersburg, der oft gefilmt wurde und auf dem oft Konzerte stattfinden.

**б)** 1. Б, 2. В, 3. В, 4. А, 5. Б.

**5** **a)** 1. Nachdem Tina in Moskau angekommen war, hat sie sofort zu Hause angerufen. / Tina kam in Moskau an und rief (gleich) danach … **б)** Nachdem sie sich mit ihrer russischen Familie bekannt gemacht hatte, erzählte sie von der Reise. / Sie machte sich mit ihrer russischen Familie bekannt und erzählte dann … **в)** Nachdem sie Tina ihr Zimmer gezeigt hatte, hat die Familie sie zu Tisch gebeten. / Die Familie zeigte Tina ihr Zimmer und bat sie dann … **г)** Als / Während sie im Wohnzimmer saßen, unterhielten sie sich über Moskau. / Sie saßen im Wohnzimmer und unterhielten sich dabei … **д)** Als / Während Tina abends auf dem Roten Platz spazierte, fotografierte sie viel. / Tina ging abends auf dem Roten Platz spazieren und … **e)** Nachdem sie eine Weile durch das Zentrum von Moskau spazieren gegangen waren, sind sie nach Hause gefahren. / Sie sind eine Weile durch das Zentrum von Moskau spaziert und dann … **ж)** Als / Während Tina in Moskau lebte, erfuhr sie viel Neues. **з)** Als Tina auf die Schule in Moskau ging, hat sie neue Freunde kennengelernt. / In der Schule in Moskau hat Tina …

**6** **a)** 1. Ольга Волкова 2. Ольге Волковой 3. Ольгу Волкову 4. Ольги Волковой 5. Ольгой Волковой 6. об Ольге Волковой

**б)** 1. Николай Кукушкин 2. Николаю Кукушкину 3. Николая Кукушкина 4. Николая Кукушкина 5. Николаем Кукушкиным 6. о Николае Кукушкине

**в)** 1. Грачёвы 2. Грачёвым 3. Грачёвых 4. Грачёвых 5. Грачёвыми 6. о Грачёвых

Du findest hier die Fachbegriffe, die im **Grammatischen Beiheft** verwendet werden sowie einige kursiv (*schräg*) gedruckte Wörter, deren Wiedergabe im Russischen Besonderheiten aufweist.
Die Tilde (~) ersetzt jeweils das fett gedruckte Stichwort.
Der Pfeil (→) zeigt dir, unter welchem lateinischen Stichwort du die gesuchte Information findest.
Die Zahlen beziehen sich auf die Paragrafen im **Grammatischen Beiheft**.

## Russisches Stichwortverzeichnis